Jean MONBOURQUETTE

Pour des enfants autonomes

Guide pratique
à l'usage
des parents

NOVALIS

Table des

matières

Avant-propos

Éduquer est un art difficile. Tel un chef d'orchestre, avec souplesse et audace, le parent guide l'enfant pour qu'il donne le meilleur de lui-même et finisse par inventer sa propre musique.

Ce livre est un précis sur l'éducation des enfants et des adolescents. Il est conçu à l'intention des parents qui n'ont pas le temps de lire de gros ouvrages sur le sujet. L'un des buts que j'y poursuis est de raviver chez eux le désir de s'acquitter de leur rôle parental avec confiance, joie et passion.

Le présent livre peut paraître une réédition d'un ouvrage sur la communication familiale. Il est en fait fondamentalement neuf dans sa présentation et son contenu. Il tient compte de plusieurs problématiques actuelles qui sont autant de nouveaux défis pour les parents: drogue, médias, jeux vidéo, taxage, etc.

Si ce guide est d'abord conçu à l'usage des parents, sa présentation sous forme de magazine saura aussi intéresser les jeunes. Ils pourront y trouver des directions capables d'éclairer leurs nouvelles expériences. Ils découvriront l'ampleur du métier de parent. Ils comprendront encore combien les parents en se formant en matière d'éducation leur témoignent finalement de l'importance.

Je voudrais dédier cet ouvrage à toutes les familles qui m'ont admis dans leur intimité. Enfin, j'aimerais remercier mon ami Jacques Croteau, o.m.i, de l'aide précieuse qu'il m'a apportée pour préciser certaines idées et pour améliorer la présentation littéraire du texte.

Savoir reconnaître et apprécier sa responsabilité de parent

Plusieurs parents ne se sentent pas à la hauteur de leur tâche de parent. Ils n'ont pas confiance en eux-mêmes; ils ont peur de ne pas être de «bons parents»; ils se sentent dépassés par les exigences de leur famille et de la société en général. Comment expliquer un tel état d'esprit?

Il existe trop de conseils contradictoires chez les spécialistes de l'éducation. Certains préconisent le laisser-faire, alors que d'autres favorisent un régime autoritaire. Et le parent, lui?

En exagérant la fragilité de l'enfant, certaines écoles de pédagogie créent chez les parents des craintes inutiles. Des parents sont pris de panique quand ils entendent certains pédagogues déclarer que chez l'enfant «tout se passe avant six ans».

Il est aussi de bon ton d'accuser les parents de toutes les difficultés que les adultes éprouvent dans leur vie. Il est plus facile de rendre «papa» et «maman» responsables de ses failles que de prendre sa vie en main.

La société en général – professeurs, politiciens, police, etc. – a tendance à rejeter sur le dos des parents la responsabilité des troubles sociaux qu'on rencontre chez les jeunes gens. Et ces accusations deviennent encore plus sévères quand il s'agit de familles monoparentales.

Au cours de ce traité, nous voulons redonner aux parents la joie d'être parent ainsi que la confiance en eux-mêmes dans l'exercice de leur rôle. Nous voulons les assurer qu'ils peuvent trouver en eux-mêmes tout ce qu'il faut pour réussir. Nous désirons en particulier les voir récupérer leur autorité de parent, non pas une autorité despotique, mais une autorité fondée sur leurs habiletés et leur compétence personnelles telles que leur

- capacité d'aimer
- capacité d'organiser une famille
- capacité d'encourager l'enfant à grandir
- capacité d'écouter l'enfant
- capacité de s'affirmer
- capacité de négocier dans les impasses
- capacité d'influencer les valeurs morales de l'enfant.

G

agner la collaboration de l'enfant

«Comment forcer mon enfant à étudier librement?» me demandait une maman. Cette question soulève tout le problème de l'interaction du parent et de l'enfant dans l'œuvre de l'éducation.

Le parent doit se rappeler constamment que le premier responsable de sa croissance, c'est l'enfant lui-même. Il est l'agent principal de son éducation.

Comment s'y prendre pour que l'enfant s'engage lui-même à fond dans son propre développement?

Garder toujours en tête que, d'une part, l'enfant veut instinctivement grandir et que, d'autre part, la tâche du parent consiste à l'orienter et à l'encourager dans les efforts qu'il met à devenir «grand».

Ainsi, au lieu vouloir à la place de l'enfant, le parent s'efforce de gagner sa collaboration et de soutenir son désir de progresser.

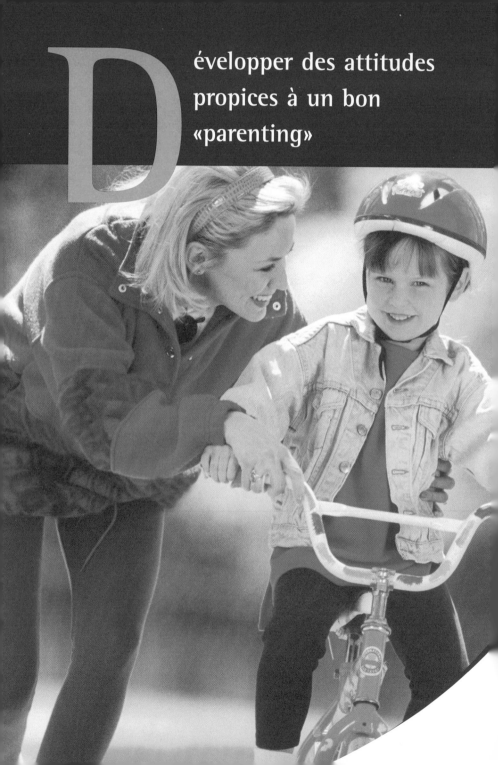

Développer des attitudes propices à un bon «parenting»

Comme parents, vous n'êtes pas obligés d'être des parents parfaits et de tout connaître du premier coup. Considérez-vous comme de perpétuels apprentis en éducation. Reconnaissez votre droit de faire des erreurs et, dès lors, de vous reprendre.

Donnez-vous le temps d'apprendre votre métier de parent.

Efforcez-vous de vous entendre avec votre conjoint sur les grandes orientations à prendre pour l'éducation de l'enfant. Éviter d'entretenir la compétition entre vous en vue de gagner l'affection de l'enfant, surtout si vous êtes divorcés.

Calme et détente font plus que soucis et peur de l'avenir.

La peur obsessionnelle que l'enfant soit mal éduqué engendre souvent chez lui les comportements que vous aurez redoutés. Ex.: une peur exagérée que l'enfant prenne de la drogue peut attirer son attention sur elle au point d'inciter l'enfant à en faire l'expérience.

Toujours vous rappeler que c'est l'enfant qui s'éduque. À mesure qu'il grandit, savoir vous retirer pour lui fournir l'occasion d'exercer sa liberté et de se prendre en main. Tout ce que votre enfant peut faire sans votre aide, laissez-le faire. C'est ainsi qu'il apprendra par lui-même à grandir. Essayer de le protéger contre la moindre souffrance ou la moindre maladresse serait le handicaper pour le reste de sa vie.

Au lieu d'être sur la défensive et d'être tenté de toujours dire «non» aux demandes de l'enfant, pourquoi ne pas prévoir à l'avance et lui proposer certaines activités. Il est beaucoup plus facile d'orienter l'énergie de l'enfant que d'essayer de la stopper.

Comme parent, avoir le courage d'accepter d'être imparfait. Si vous commettez une erreur, savoir vous excuser auprès des enfants. Vous leur enseignerez par votre attitude qu'ils peuvent toujours se reprendre après avoir commis une erreur. Quant à vos erreurs, elles seront pour vous autant d'occasions d'apprendre et d'évoluer.

Arrêter de vous préoccuper de ce que les parents, les voisins et les amis peuvent penser de vos méthodes d'éducation, car vous en êtes les seuls responsables.

Prendre conscience de votre désir non avoué de réussir votre vie à travers la personne de vos enfants et de chercher votre satisfaction moins dans leur bien-être que dans leurs performances. L'être même de l'enfant est plus important que ses performances.

Entretenir trop d'ambition pour son enfant risque de l'amener à se décourager. Devant les exigences exagérées du parent, il est incapable d'accepter ses limites et ses échecs. Parfois, certains enfants se sentent tellement dépassés par ces exigences qu'ils entretiennent des idées suicidaires. D'autres parents manquent d'ambition pour leur enfant. Ils auront tendance à le «gâter». Au lieu de viser au véritable bien de l'enfant, ils réagissent aux privations de leur propre jeunesse. Ex.: «Moi, je n'ai rien eu dans mon enfance, je vais tout donner à mes enfants.»

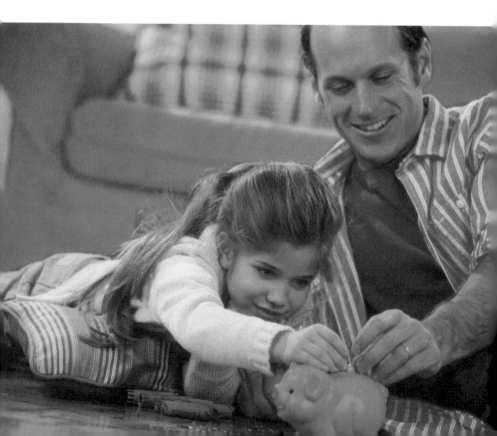

Créer un climat de confiance

Pour gagner la collaboration de l'enfant, il importe de créer un climat de confiance, c'est-à-dire d'«apprivoiser» l'enfant, pour employer le langage du Petit Prince. S'il existe un rapport de confiance, l'enfant sera plus prêt à vous écouter et à vous obéir.

Voici quelques comportements propices à créer un climat de confiance chez l'enfant:

- **Se montrer disponible:** dans la mesure du possible, quand l'enfant veut parler, arrêter son travail pour l'écouter. Passer du temps seul à seul avec lui. Ex.: sorties en voiture, faire des choses ensemble, aller à la pêche, etc.

- **Encourager:** remarquer et admirer les progrès que l'enfant fait, si petits soient-ils.

- **Se mettre à son niveau:** pour communiquer avec lui, prendre la même position physique. Se baisser pour se mettre à sa hauteur ou l'élever dans ses bras de manière à ce qu'il puisse mieux voir et entendre.

- **Parler son langage:** prendre son ton de voix et ses expressions (quitte à les corriger plus tard).

- **Entrer dans son monde:** lui donner la chance de s'expliquer quand il pose une question. Lui demander: «Et ta réponse à toi, qu'est-ce que c'est?» Le laisser expliquer son dessin ou le jeu qu'il est en train de créer.

- **Apprendre à jouer et à s'amuser avec lui:** éviter d'être toujours sérieux quand on aborde son enfant. Exemples de comportements non recommandables: «As-tu amélioré tes notes à l'école? As-tu été sage?» Savoir le taquiner, jouer ses jeux, s'amuser avec lui, etc.

Les messages contraignants

Quand on éduque un enfant, on lui envoie plusieurs messages, et c'est normal. Pourtant parmi ces différents messages, plusieurs peuvent avoir un impact négatif sur la croissance de l'enfant, s'ils lui sont envoyés à répétition et de façon constante. L'enfant comprend en effet très tôt que s'il honore tel message, il recevra des marques de reconnaissance de la part du parent. Une fois devenu adulte, il continuera cependant à vivre sous la contrainte de ces messages parentaux dans son style de communication avec les autres. Il éprouvera parfois une grande difficulté à s'en débarrasser pour devenir un être unique. L'Analyse transactionnelle réduit à cinq ces messages négatifs et précise qu'ils sont surtout envoyés à l'enfant d'une manière non-verbale:

1. Sois parfait

Il faut faire les choses parfaitement, ne rien laisser au hasard et examiner scrupuleusement de près tous les détails. Sous l'influence de cette consigne, quelqu'un vivra dans l'anxiété de savoir s'il n'a rien oublié, recommencera les choses plusieurs fois et cherchera à contrôler tout ce qui se passe dans son environnement.

Voici le message que le parent devrait plutôt envoyer à son enfant: «sois réaliste, admets qu'il ne t'est pas possible de tout maîtriser; accepte tes limites et les contraintes de la réalité; tu n'as pas besoin d'être parfait pour être valable!»

2. Fais plaisir

Il faut être bien avec tout le monde, et se dévouer à l'extrême, être aimable et gentil à l'égard de tout le monde. Sous l'influence de ce message, quelqu'un agira essentiellement pour satisfaire les autres, quitte à poser des actions qui ne lui conviennent pas et à s'oublier lui-même complètement. Il ne doit pas décevoir et n'ose jamais dire "non" à la demande d'autrui.

Le message antidote à «fais toujours plaisir aux autres» consiste à faire entendre à l'enfant qu'il a le droit de penser à lui, de se consacrer du temps à lui, même qu'il est important de penser d'abord à lui pour être à même de bien s'occuper des autres.

3. Essaye de toutes tes forces

Ce message véhicule l'idée qu'il est suprêmement important de tout vivre avec acharnement: il faut trimer jusqu'à en "baver" pour réussir, et qu'une chose pénible a plus de valeur qu'une tâche facile. Sous l'influence de ce message, quelqu'un se donnera beaucoup de mal à sa tâche, s'y reprendra plusieurs fois pour la faire, sans jamais toutefois y réussir. Pareillement, il trouvera que les autres n'en font jamais assez. Pour lui, les efforts déployés sont ce qui compte le plus dans un travail. On peut quelquefois reconnaître ce message à la façon dont les parents évaluent les résultats scolaires de l'enfant.

Le message parental devrait plutôt consister à dire à l'enfant: «travaille à ton rythme dans ce que tu aimes ou ce que tu as à faire; tu travailleras plus efficacement si tu y trouves satisfaction».

4. Sois fort, ne manifeste rien de ce que tu ressens ou de ce que tu penses

Sous l'influence de ce message, un individu se montrera réservé et méfiant; il n'exprimera rien de ce qu'il ressent, ni même de ce qu'il pense. Au lieu d'exprimer ses propres sentiments et pensées, il affichera une façade ou restera fermé comme une huître. Il aura tendance à s'isoler et à couper tout contact avec les autres.

Le message contraire consiste à donner à l'enfant la permission d'être ouvert, de se montrer tel qu'il est, même parfois avec ses faiblesses et ses incertitudes; et de dire réellement ce qu'il pense et ce qu'il ressent. «C'est normal, lui dira-t-on, de pleurer ou d'avoir de la peine, ou même de faire des erreurs; tu peux dire ce qui va bien et ce qui ne va pas bien pour toi!»

5. Dépêche-toi

Il vaut mieux d'aller vite, d'être pressé que de prendre son temps. Sous l'influence de ce message, l'enfant courra toujours, s'agitera en tout, tourbillonnera sans cesse, se fatiguera sûrement tout en se sentant obligé de garder son rythme. Il s'organisera pour se croire dans l'urgence, partira toujours au tout dernier moment, etc.

Le parent devrait au contraire donner à l'enfant la permission de prendre et de gérer son temps, de travailler à son rythme optimum tout en utilisant efficacement le temps dont il dispose. La rapidité est utile, mais elle est loin d'être toujours nécessaire. Alors on lui dira: «tu pourrais commencer à repasser tes maths sans attendre la veille de l'examen»; «tu pourrais prendre le temps de réfléchir, nous reviendrons sur le sujet la semaine prochaine!»[1]

Peut-être tel parent se reconnaîtra-t-il dans l'un ou l'autre de ces messages. En fait, chacun de nous se comporte dans la vie en les ayant presque tous, mais il y en a souvent un qui domine et qui nous empoisonne la vie. L'aspect négatif de ces cinq messages contraignants est qu'ils nous empêcheront de bien réagir aux circonstances en étant simplement soi-même. Ils freineront le développement et l'épanouissement personnels. Que les parents se rassurent cependant, ces messages ne s'imprègnent dans l'être d'une personne que s'ils lui sont envoyés de façon constante. Ce n'est pas parce qu'un parent dit ou fait comprendre quelquefois à son enfant de se dépêcher que ce dernier sera condamné à agir sous l'influence de ce message pour le reste de sa vie!

Il existe encore deux autres messages sur lesquels les parents doivent porter une attention toute particulière, messages qui, eux deux, perturbent plus gravement le développement de l'enfant et qui feront plus tard la fortune des psychologues pour que l'enfant s'en débarrasse et décide d'opter pour une manière adulte de se comporter:

Le premier message se réduit à la consigne de ne pas exister. Il invite la personne à se conduire dans la vie comme si elle n'était pas là, à ne pas être présente à ce qui se passe. Le deuxième message appelle à ne pas être soi-même, c'est-à-dire qu'il dit: «fais comme les autres; ne manifeste pas ta personnalité et ton unicité; ne t'affirme pas tel que tu es, sois quelqu'un d'autre! On le comprend, ces deux messages visent l'être même de la personne, tandis que les cinq autres concernent plutôt l'action et les comportements.

En résumé, les messages parentaux qui se veulent adéquats devraient encourager le déploiement de l'être propre à chaque enfant et lui permettre de devenir qui il est fondamentalement. Peut-être pourrait-on les résumer dans les deux messages suivants: «Moi, parent, je t'aime, toi mon fils ou ma fille, inconditionnellement!» et «Moi, parent, je suis là pour t'aider à devenir ce à quoi tu aspires au plus profond de ton être!»

---

[1] Concernant les messages contraignants, on se réfère principalement à deux ouvrages: D. Chalvin, *Les nouveaux outils de l'analyse transactionnelle: Pour développer l'énergie des individus et des organisations*, 2, coll. Formation Permanente en Sciences Humaines, ESF éditeur, 1993 et R. de Lassus, *L'analyse transactionnelle*, Marabout, 1991.

L'estime de soi chez l'enfant

À notre avis, la tâche la plus importante du parent est d'aider l'enfant à bâtir l'estime de lui-même. Une fois l'estime de soi acquise, l'enfant est capable d'initiatives aptes à le faire grandir et à le rendre de plus en plus autonome.

L'enfant, dans son désir de croissance, vérifie constamment auprès de ses parents et des personnes signifiantes pour savoir s'il est sur la bonne voie. Leurs réactions et leurs messages lui servent de miroir lui renvoyant une image positive ou négative de lui-même. C'est d'abord à travers les yeux des personnes qui sont importantes pour lui que l'enfant apprend à s'apprécier et à grandir.

Il existe deux formes d'estime de soi qu'il est nécessaire de distinguer: l'estime de soi *pour ce que l'on est*, et l'estime de soi *pour ses performances*. Nous verrons ces deux formes d'estime de soi et les différents messages qu'elles peuvent susciter et promouvoir.

«Je suis aimable»

La première forme d'estime de soi concerne ce que l'on est. Elle se manifeste dans le fait que l'on se sent bien avec soi-même, dans son corps, ses états d'âme et ses émotions. Elle consiste encore à se considérer comme une personne importante, digne de respect, d'appréciation et d'amour. L'enfant dira spontanément de lui-même: «Je suis correct et aimable.»

Voyons quels sont les messages et les actions susceptibles de susciter une telle estime de soi chez l'enfant.

Le bébé apprend à s'estimer en recevant les soins de base qui consistent à être bercé, lavé et nourri, tous ces soins étant prodigués avec amour et accompagnés de paroles douces et de sourires... Plus tard, il prendra davantage conscience de l'importance qu'il revêt aux yeux de ses parents grâce aux actions telles que les caresses, les consolations reçues dans les moments pénibles, l'écoute et le respect de ses sentiments et pensées, les gestes d'affection lors des départs et des retours.

D'autres marques d'attention à la personne de l'enfant consistent à fêter son anniversaire de naissance et les grands changements de sa vie, comme l'avènement de la puberté.

Il importe donc, pour favoriser cette forme d'estime de soi, de donner des marques gratuites et désintéressées d'affection, non pour lui faire sentir qu'on l'apprécie pour ce qu'il sait faire, mais pour ce qu'il est comme personne. Aussi est-il déconseillé d'utiliser des marques d'affection pour souligner les performances de l'enfant, car une telle manière d'agir engendrera chez lui des réflexions telles que celles-ci: «On me dit aimable et on me donne de l'affection en autant que je me montre obéissant ou que j'ai du succès» ou encore «Je me sens aimé seulement quand j'ai de bonnes notes.»

«Je suis capable»

L'autre forme d'estime de soi chez l'enfant naît de la confiance en ses capacités de réaliser certaines choses et d'avoir la maîtrise de son milieu. En conséquence, chaque fois qu'il entreprend une tâche, il l'accomplit avec assurance; il prend tous les moyens nécessaires pour réussir; enfin, il persévère jusqu'au bout, assuré qu'il est de réussir. Comment susciter et entretenir chez lui une telle confiance en ses capacités?

C'est l'encouragement répété des parents et des personnes signifiantes qui le fera. Et de quoi sera fait cet encouragement? De remarques positives, de simples observations, de félicitations, de remerciements, d'expressions de sa joie, etc. Toutes ces manifestations viendront nourrir la confiance de l'enfant en ses capacités et l'inciteront à prendre de nouveaux risques.

Pour l'enfant, s'apercevoir que l'on remarque ses réalisations demeure sa plus grande récompense, beaucoup plus que de recevoir des cadeaux ou de l'argent. L'appréciation de ses réalisations, qu'on lui manifeste par des paroles ou par des gestes, peu à peu s'intériorise en lui; il se crée en lui un scénario de succès.

Des études récentes ont démontré que la persévérance d'un enfant à accomplir une tâche dépend de cette forme d'estime de soi. C'est ce qui manque le plus aux «décrocheurs», qui sont sûrs d'échouer avant même d'avoir amorcé un travail.

Voici maintenant quelques autres suggestions en vue d'aider l'enfant à développer l'estime de soi.

- Lui proposer des défis qu'il peut relever avec succès dans l'immédiat. À mesure qu'il aura pris goût au succès, lui donner des tâches qui demanderont plus d'endurance et de persévérance.

- Ne jamais faire pour l'enfant ce qu'il peut faire par ses propres moyens. Ex.: s'il vous demande de l'aider à faire un devoir, l'inviter d'abord à le commencer seul et à venir chercher de l'aide seulement lorsqu'il se verra bloqué. Enfin, pendant que vous l'aiderez, exigez son entière participation à la recherche de la solution. Posez-lui des questions de manière à le faire travailler: «Qu'est-ce qui arrive quand...?» «Comment peux-tu t'y prendre autrement?»

- Lui faire connaître diverses formes d'activités domestiques, sportives ou artistiques et le laisser choisir celles qu'il aimerait pratiquer. Ex.: lui montrer différents instruments de musique et l'inviter à choisir celui dont il aimerait jouer. Une fois que le choix est fait, l'encourager à persévérer malgré les frustrations et même les découragements qu'il peut éprouver au début de son apprentissage. Ex.: «Tu dois continuer tes cours de danse jusqu'à la fin de la session; à ce moment-là, nous examinerons ensemble si tu dois continuer ou non.»

- Faire comprendre à l'enfant qu'un échec temporaire, loin d'être une raison d'abandonner, peut être une occasion d'apprendre et de s'améliorer.

- Mettre l'enfant dans des situations de faire des choix qui ne dépassent pas ses capacités. Ex.: «Qu'est-ce que tu veux faire avec l'argent que tu as reçu en cadeau?»

- Ne jamais payer un enfant pour qu'il participe ou fasse une activité culturelle ou sportive. Ex.: Donner de l'argent à son enfant pour qu'il assiste à une réunion de louveteaux.

Ce qu'il faut éviter pour ne pas encourager la mésestime de soi

Il ne faut pas rémunérer l'enfant pour les tâches domestiques qu'il accomplit, afin de lui faire comprendre qu'il n'est pas un employé, mais bien un membre de la famille. Une rémunération est par ailleurs recommandée pour les tâches extraordinaires, comme prendre le contrat de peindre le garage durant les vacances. Confier à l'enfant des tâches domestiques sans le rémunérer développe chez lui le sens des responsabilités et le sens de son appartenance à la famille.

Les allocations hebdomadaires accordées à l'enfant ne doivent pas lui être présentées comme un salaire, mais comme un partage de biens pour satisfaire ses besoins. À noter que, dans cet esprit, il n'est pas recommandé de punir un enfant en le privant de ses allocations.

Chercher à enlever à l'enfant toutes formes de frustrations ou l'empêcher de prendre des risques calculés, c'est miner sa confiance en lui-même, le rendre craintif et souvent irresponsable devant les défis de la vie.

Comparer l'enfant à ses pairs engendre souvent chez lui de l'anxiété, un esprit de compétition ainsi qu'un sentiment d'impuissance. Il vaut mieux comparer entre eux ses propres niveaux de performance. Ex.: «Dans ta dictée, tu as fait moins de fautes que dans la précédente.»

Attirer sans cesse son attention sur une «mauvaise» habitude, comme celle de sucer son pouce, en plus de créer de l'anxiété vient renforcer chez lui sa manie, surtout si elle attire l'attention et vous fait fâcher.

Éviter de vanter un enfant pour une seule de ses qualités ou pour un même type de performance. Ex.: répéter souvent: «Mon fils joue très bien du piano.» L'enfant risque de penser qu'il n'a de valeur que lorsqu'il joue du piano.

Le parent doit éviter de devenir l'amuseur attitré de l'enfant. Même s'il est nécessaire qu'un parent organise pour lui un certain nombre d'activités, l'enfant doit lui-même prendre l'initiative de créer ses propres jeux et de se faire des amis.

Utiliser le langage de l'encouragement

L'encouragement est le moteur de l'estime de soi de l'enfant. Quand il reçoit des marques d'affection et d'appréciation gratuites, l'enfant les intègre dans son dialogue intérieur. Quand on lui manifeste de l'affection, il est alors enclin à se dire: «Je suis important et aimable.» Quand on souligne ses performances et qu'on le félicite, il se dit: «J'ai des capacités et je réussirai.»

Dans les cas où des parents ont cessé de communiquer avec leurs enfants, la première stratégie à employer pour renouer la communication, c'est de se mettre à les encourager d'une manière suivie et systématique.

L'enfant a besoin d'encouragement comme une plante a besoin d'eau, sinon il se décourage et se comporte mal. Un enfant qui ne reçoit pas d'encouragement se mettra à commettre toutes sortes d'impolitesses, de désobéissances et à poser des gestes destructeurs, avec le désir secret d'attirer l'attention de ses parents, même si ce n'est que des réprobations que dans le jargon psychologique on nomme «des marques d'attention négatives». Pour lui, réprimandes et punitions valent mieux encore que le sentiment d'être ignoré totalement.

Comment dire à l'enfant qu'on l'aime pour ce qu'il est?

On peut le faire de diverses façons:

- en lui procurant les soins nécessaires à son bien-être;
- en lui prodiguant des caresses et des marques d'affection;
- en le tenant sur ses genoux;

- en l'embrassant aux départs et aux retours;

- en l'écoutant exprimer ce qu'il vit sans le juger;

- en célébrant son anniversaire de naissance;

- en célébrant les événements marquants de sa vie comme sa graduation;

- en lui faisant des cadeaux-surprises, etc.

Ne jamais gronder ou punir un enfant au moment même où on lui donne une marque d'affection; l'enfant devient alors tout confus, ne sachant plus quoi penser. De même, il ne faut jamais punir un enfant en le privant de son gâteau de fête ou de son cadeau d'anniversaire.

Rappelons enfin que les caresses et les marques d'affection ne doivent pas lui être données pour ce qu'il fait mais bien pour ce qu'il est.

Comment apprécier les performances d'un enfant?

Pour encourager l'enfant à avoir des comportements louables, lui signifier son appréciation par des gestes comme:

- un regard ou un geste approbateur. Ex.: quand il sort les poubelles à temps.

- un reflet de son vécu émotionnel: «Tu sembles content d'avoir gagné.»

- une remarque: «Je constate que tu as rangé tes vêtements.»

- un message en «je»: «Je suis si heureuse de voir ta chambre en ordre!»

Gare aux louanges surfaites et artificielles (tu es un ange), aux compliments-jugements (tu es bon quand...), aux gestes humiliants (taper sur la tête).

Éviter d'accorder trop d'attention aux comportements négatifs afin de les décourager.

S'efforcer de signaler les comportements désirables et d'ignorer les comportements indésirables.

Parfois, il vaut mieux encourager par des gestes que par des paroles, lorsque l'enfant est devenu trop dépendant de nos assurances verbales. Un sourire, un toucher, une attention passagère, puis s'esquiver.

Varier l'objet de ses encouragements en fonction des diverses performances de l'enfant. Éviter de toujours encourager uniquement une même activité. Ex.: Le fait qu'il joue du violon.

Des gestes ou des paroles humiliantes sont parfois aptes à faire obéir un enfant, mais ce genre de messages risque de faire naître chez l'enfant la mésestime de lui-même et de le porter au découragement.

Mettre l'accent sur le plaisir de faire qu'éprouve l'enfant plus que sur le résultat de son travail. Ex.: «Tu as l'air d'aimer peindre», au lieu de: «Ton tableau est beau.»

Si vous avez perdu la confiance d'un enfant, pour la regagner, il vous faudra peut-être consacrer un mois ou deux à lui manifester votre intérêt et votre encouragement.

Le parent
facilitateur de communication

Une des grandes souffrances des parents, c'est de vouloir accompagner leurs enfants dans leurs difficultés mais de ne pas trop savoir comment s'y prendre.

Voici plusieurs manières d'intervenir à déconseiller. Elles créent plus de confusion que d'aide. Elles bloquent l'enfant désireux de parler. Les professionnels de l'écoute évitent ces modes d'interventions car ils ne produisent pas l'effet attendu. Ils bloquent de fait la communication avec l'enfant.

1. Donner des ordres, commander: «Tais-toi et fais ce que je te demande!». Cette manière de se comporter avec l'enfant ou l'adolescent est basée sur le contrôle du jeune comme malgré lui. Elle ne contribue pas à favoriser son autonomie.

2. Avertir en menaçant: «Si tu ne rentres pas à telle heure, tu...». Ce type d'interaction amène souvent la confrontation et puis, il n'a jamais été prouvé que la peur du gendarme est bonne éducatrice.

3. Moraliser, prêcher: «Ce n'est pas bien de faire cela...». Faire la morale équivaut à imposer sa vision des choses et à décider pour le jeune ce qui est bon ou mauvais pour lui sans laisser de place à sa propre réflexion.

4. Argumenter, convaincre en faisant appel à la logique amènent à de l'escalade entre les personnes. Dans ce type d'interaction, il y a un gagnant et un perdant. Le perdant cherchera à prendre sa revanche. Il est préférable d'échanger et de partager avec l'autre.

5. Conseiller, apporter des solutions trop vite n'invitent pas l'enfant ou l'adolescent à trouver ses propres solutions, ni à bâtir l'estime de lui-même.

6. Juger, critiquer, blâmer: «Je ne connais personne d'aussi paresseux que toi!» Ce type d'interaction décourage l'enfant qui se dit que peu importe ce qu'il fera, il ne sera jamais à la hauteur des demandes parentales.

7. Faire une enquête, trop questionner risquent de violer l'intimité de l'enfant ou de l'adolescent et de saper sa confiance. Le parent n'est pas un policier, il est un éducateur. Comme l'huître, l'enfant ou l'adolescent aura tendance à se refermer sous la trop grande pression externe.

8. Distraire, éviter, changer de sujet ne valorisent pas l'expérience de l'enfant ou de l'adolescent qui se dit: «Je ne suis pas important et ce que je vis n'a pas de valeur!»

9. Être sarcastique: «Tu n'as que 12 ans!» conduit l'enfant ou l'adolescent à mal vivre ce rejet; il aura tendance à se refermer parce qu'on lui manque de respect et qu'on ne lui fait pas confiance.

Organiser le milieu familial

Le manque d'organisation matérielle et la confusion qui en découle sont source de beaucoup de tensions et de difficultés dans une famille.

Grâce à leur esprit inventif, certains parents s'évitent bien des ennuis et font de leur maison un lieu d'apprentissages de toutes sortes.

En fonction des besoins, le milieu de vie peut être organisé de manière à être

riche: jeux éducatifs, cartes du monde, atelier avec quelques outils pratiques, listes d'émissions de télévision intéressantes, listes de vidéos, brochures (les laisser à la salle de bain), petite bibliothèque, etc.

dépouillé: diminuer les stimulations afin de favoriser le sommeil à l'heure du coucher: fermer les rideaux au coucher, baisser le volume de la télévision, diminuer l'éclairage, ne plus parler après une heure donnée, etc.

rendu plus commode: crochets plus bas pour que les enfants puissent accrocher leurs vêtements, petite chaise, panier à linge sale à la portée de tous, etc.

ordonné: les jouets dans une salle de jeux, écouteurs pour la musique forte, mettre les produits dangereux hors de la portée des enfants, etc.

ouvert à d'autres milieux: visites des parcs, des musées, terrains de jeux, cours de toutes sortes, échanges d'adolescents, travail dans des organisations de charité comme service à l'hôpital ou dans des foyers, etc.

organisé d'une manière fonctionnelle: tableau d'affichage, listes des travaux à exécuter, agenda des activités scolaires et sportives, etc.

En plus d'organiser le milieu, il importe de savoir planifier les événements prévisibles qui touchent à la famille: préparer l'enfant à la visite chez le dentiste; apporter en voyage des jouets et objets familiers; faire visiter la future école, etc.

Surmenage

Certains parents se sentent débordés par le style de vie familiale qu'ils ont mis en place, où tout est centré sur l'enfant et ses activités. Le parent ne trouve plus de temps pour lui-même et peu d'espace pour le couple.

On veut que son enfant fasse du taekwondo, du karaté, du piano, de la danse, du soccer, du hockey, de l'équitation, etc. Bien sûr, toutes ces activités développent les habiletés de socialisation de l'enfant et lui permettent de vivre des expériences enrichissantes et favorables à une saine estime de soi.

Cependant, plusieurs activités dans lesquelles l'enfant est engagé se passent dans un climat de compétition et ne sont plus vraiment des «loisirs». L'enfant est poussé jusqu'à ses limites; il doit être le meilleur en tout, ce qui peut avoir des conséquences fâcheuses sur sa croissance: stress, surmenage, comparaison avec les autres, sentiment de dévalorisation de lui-même à la suite d'échecs, sentiment de rejet de l'enfant par le parent qui se montre incapable d'accepter les limites de son enfant ou de faire le deuil de l'enfant idéal rêvé pour sa fille ou son fils[2].

Dans cette valse d'activités, il est incontestable que le parent transmet à son enfant, verbalement ou non, un message de précipitation: «dépêche-toi!». Le parent n'invite pas non plus l'enfant à prendre du temps pour lui-même, à écouter son propre rythme ou à tenir compte de ses limites.

---

2   Cf. F. Dolto, *La cause des adolescents*, Paris, 1988.

Il sera donc parfois souhaitable d'organiser une manière plus saine de passer le temps, dans laquelle la partie Enfant libre[3] de la personnalité (celle du parent comme celle de l'enfant) pourra aussi se déployer et le plaisir reprendre la place qui lui revient. On pense à des activités qui favorisent davantage l'intériorité comme la lecture, la visite d'un musée, gratter une guitare, jouer dans la nature, etc. Dans ces activités-là, les stimulations ne proviennent pas du contact avec les autres mais du contact avec soi-même. Elles sont des activités de «retrait» grâce auxquelles chacun développe une plus grande intimité avec lui-même, apprend à se sentir bien aussi quand il est seul, et devient peu à peu pour lui-même un bon compagnon de vie.

---

3   En Analyse transactionnelle, l'Enfant libre ou Enfant spontané est cette partie de la personnalité qui est activée quand une personne exprime spontanément ses sentiments, ses émotions, ses désirs. L'Enfant libre est aussi le siège de l'intuition, indispensable à la créativité; il est encore le lieu de la rencontre vraie.

Structurer la vie familiale à l'aide de règlements

Dans les familles monoparentales ou encore dans celles où les deux parents doivent travailler à l'extérieur, on doit pouvoir faire des prouesses d'organisation.

Le dialogue entre les membres de la famille sera efficace dans la mesure où la vie de la famille sera bien structurée pour ce qui est de l'horaire, de l'espace, des règlements, de la répartition des tâches, etc. Ex.: On ne peut pas négocier l'heure du lever ou des repas à chaque jour.

Un règlement doit être clair et précis. Ex.: «Tu peux courir dans la cave, mais pas dans le salon et la cuisine.»

Une limite doit être absolue. Exemple d'une règle imprécise: «Tu peux lancer un peu d'eau à ta sœur, mais pas trop.»

Être conséquent avec le fait qu'une règle a été établie. Si l'enfant observe cette règle, le remarquer; quand il la viole, l'interpeller immédiatement.

Des commandements fermes s'imposent dans les situations d'urgence. Ex.: «Enlève ton couteau du grille-pain!»

Si on doit imposer une règle, si possible, prévoir un choix. Ex.: «C'est défendu de sauter sur le sofa du salon. Choisis: veux-tu sauter sur le matelas dans la cave ou aller jouer à l'extérieur?»

Les commandements négatifs du genre: «Ne touche pas au vase» suscitent dans la tête de l'enfant des images et des impulsions quasi irrésistibles de toucher au vase. Il est préférable alors de détourner l'attention vers une nouvelle activité: «Voici ton camion» — au lieu de: «Ne touche pas à mon vase.» Orienter l'énergie de l'enfant est toujours plus facile que d'essayer de la réprimer.

Appliquer des conséquences réglementaires[4] au lieu de punir

En éducation, récompenses et punitions, quoique efficaces à première vue, sont des moyens disciplinaires lourds à utiliser et qui, à la longue, s'avèrent peu adaptés. En effet, quand les enfants ont grandi, il est très difficile, voire impossible, de concevoir des récompenses ou punitions appropriées à leur âge.

D'ailleurs, la punition et la récompense ne favorisent pas le développement de la confiance de l'enfant envers le parent. Car l'enfant lui-même apprend vite à user de la même pédagogie envers le parent. Il cherchera à son tour à le punir et à le récompenser par son comportement envers lui.

À la place des récompenses et des punitions, il existe des moyens plus éducatifs et efficaces pour aider l'enfant à devenir responsable de ses actions: lui faire découvrir les conséquences naturelles et réglementaires de ses actions. En psychologie adlérienne, pour désigner les conséquences réglementaires, on utilise les termes «conséquences logiques».

Les conséquences naturelles sont celles qui découlent de la nature même de l'action accomplie. Ex.: Un enfant qui, croyant à la puissance de sa tunique de Batman, se jette du haut d'une table, apprendra vite qu'elle ne le protège pas des conséquences possibles d'une chute. La dure réalité sera sa meilleure éducatrice.

Les conséquences réglementaires sont celles qui, par règlement, résultent de la violation d'une règle donnée. Ex.: Si un enfant arrive en retard pour souper, il a été établi que la table sera enlevée et qu'il devra se satisfaire des restes remisés dans le réfrigérateur. Après s'être servi, il devra aussi tout remettre en place et laisser la cuisine propre.

Avantage des conséquences réglementaires

L'établissement de conséquences réglementaires est une stratégie éducative qui s'impose, en particulier quand le parent a pris conscience qu'il n'a pas à s'acquitter d'une tâche qui relève de la responsabilité de l'enfant. Ex.: faire les devoirs, apprendre les leçons, se lever à temps le matin, ramasser ses vêtements sales, etc.

---

4 L'appellation «conséquences réglementaires» traduit l'expression «logical consequences» utilisée en anglais.

Conditions de l'établissement d'une conséquence réglementaire

La conséquence réglementaire doit être formulée comme une règle de conduite de la maison. Il n'est pas nécessaire que l'enfant soit d'accord. C'est le parent qui la détermine. Ex.: «Si tu ne nourris pas ton chien, on devra le donner.»

Elle n'est pas une punition; mais la conséquence est appliquée froidement, rigoureusement, sans animosité et sans commentaire. Ex.: «Lundi prochain, je ne laverai que les vêtements qui se trouveront dans le panier à linge sale.»

Quand le parent veut modifier une manière de faire et qu'il veut donc créer une nouvelle conséquence réglementaire, voici comment il procédera:

1. Avertir l'enfant du changement. Ex.: «À partir de demain, je vais te réveiller une seule fois et, sans attendre d'autres avertissements de ma part, tu auras la responsabilité de te lever, de déjeuner et de prendre ton autobus. Si tu manques ton autobus, tu devras marcher jusqu'à l'école.»

2. Maintenir fermement la nouvelle politique, car l'enfant voudra sonder votre degré de conviction par rapport à cette nouvelle manière de faire. Ex.: Il se peut que l'enfant se lève en retard et manque son autobus. Dans ce cas précis, appliquer les conséquences réglementaires de sa négligence: vous ne lui donnerez pas de billet d'excuse, et il marchera pour se rendre à l'école.

3. Pour se montrer ferme dans l'application des conséquences réglementaires et pour ne pas flancher, il sera parfois nécessaire de se faire appuyer par son conjoint ou par un ami. (C'est un principe qu'on retrouve dans la méthode de Thoughlove.)

4. Dans l'application d'une conséquence réglementaire, le parent doit réduire ses paroles au minimum et faire ce qu'il a prévu. Un minimum de paroles et un maximum d'actions. Ex.: «Si à six heures tu n'es pas prêt, moi je pars en voiture sans toi.»

Exemples de conséquences réglementaires

Voici des règlements assortis de conséquences réglementaires et qui rendent la vie familiale plus agréable:

- Si tu ouvres le pot, referme-le.
- Si tu déverrouilles la porte, referme-la à clé.
- Si tu casses quelque chose, admets-le.
- Si tu ne peux pas réparer quelque chose, demande de l'aide.
- Si tu empruntes quelque chose, remets-le.
- Si tu fais un dégât, nettoie-le.
- Si tu déplaces quelque chose, remets-le à sa place.
- Si tu veux te servir d'une chose qui ne t'appartient pas, demande la permission.
- Si tu ne sais pas comment faire fonctionner un appareil, informe-toi.
- Si ce n'est pas de tes affaires, ne pose pas de questions.
- Si ce n'est pas brisé, n'essaie pas de le réparer.
- Si tu échappes quelque chose, ramasse-le.
- Si tu enlèves un vêtement, accroche-le.
- Si ton animal se plaint, soigne-le.
- Si tu allumes la lumière, n'oublie pas de l'éteindre.
- Si tu ouvres le robinet, referme-le.
- Si quelqu'un te salue et te sourit, tu peux faire de même.

Écouter son enfant

L'écoute active consiste à se faire le miroir des actions, des émotions et des intentions de l'enfant.

Ex.:   Tu t'es bien amusé avec ton nouveau copain.

Tu sembles fâché contre ta sœur.

Je crois que tu désires avoir mon attention.

Tu es content de ta réussite scolaire.

L'écoute active démontre à l'enfant l'intérêt que vous portez à sa vie émotive, l'aide à mieux se comprendre s'il se sent confus, améliore votre relation avec lui et l'incite à trouver ses propres solutions à ses problèmes.

L'écoute active favorise grandement l'estime de soi chez l'enfant. Elle lui apprend que c'est normal d'avoir des émotions et qu'en les exprimant d'une manière saine il peut plus facilement les gérer.

L'écoute active n'est ni de la pitié, ni de l'approbation, mais la simple reconnaissance de ce que l'enfant ressent dans l'ici et maintenant. Ex.: «Mon professeur est stupide.» L'écoute du parent: «Tu es fâché contre lui?» Vous lui parlez donc de son état émotif et vous évitez de juger le professeur.

Prendre en pitié un enfant ajoute à sa souffrance et à la fin ne résout rien.

L'écoute active est appropriée quand l'enfant manifeste son trouble intérieur soit par ses paroles, soit par ses attitudes. Pensez à un enfant qui développe un comportement inhabituel: il se montre taciturne, bruyant, querelleur, etc.

Ne faire de l'écoute active que lorsque vous en avez le temps et que vous disposez d'assez de liberté intérieure, sinon remettre l'écoute à plus tard.

Savoir décoder un message indirect. Ex.: «Papa, aimais-tu les filles qui avaient des boutons?» signifie: «Je suis mal à l'aise avec mon acné et j'ai peur d'être rejetée par les garçons.»

Écouter les besoins d'un enfant ne signifie pas s'obliger à les satisfaire

Les parents sont exposés à recevoir des centaines de demandes par jour de la part de leurs enfants. Aussi faut-il qu'ils apprennent à dire «non» sans pour autant se sentir coupables ou se mettre l'enfant à dos. Voici comment vous pouvez dire «non» sans frustrer votre enfant:

1. Quand l'enfant vous fait une demande, reconnaître d'abord son besoin ou son désir.

2. Donner les raisons pour lesquelles vous devez refuser sa demande.

3. Offrir d'autres options qui peuvent satisfaire en partie le besoin ou le désir de l'enfant. Ex.: «Je sais que tu veux faire du camping avec des compagnons, mais je dois te dire non, car tes compagnons sont trop vieux pour toi et, de plus, je ne les connais pas. Demain, nous allons faire un pique-nique, tu es la bienvenue.»

Amener l'enfant à tenir compte des réactions du parent

Parfois, l'enfant a des comportements qui vous ennuient, vous dérangent et vous embêtent. Il existe deux manières d'intervenir pour qu'il cesse de vous importuner. L'une d'entre elles consiste à lui envoyer un message commençant par un «tu», message qui peut se traduire de diverses manières:

- L'accabler de noms peu flatteurs: «Tu es méchant de faire du bruit quand ton père veut se reposer.»

- Lui commander d'arrêter: «Tu vas arrêter tout de suite et va-t'en dehors.»

- Lui faire des menaces: «Si tu continues à faire du bruit, tu vas aller dans ta chambre.»

Le message en «tu» agresse l'enfant, lui laisse entendre qu'il est méchant et provoque chez lui une réaction soit de soumission apeurée, soit de rébellion.

L'autre mode d'intervention consiste à exprimer son message en «je». En l'occurrence, le parent décrit à l'enfant sa réaction intérieure au comportement de celui-ci. Ex.: «Je suis incapable de me reposer quand tu fais du bruit dans la maison.»

Le message en «je» n'agresse pas l'enfant, mais lui exprime le vécu du parent. Il lui laisse la décision de changer son comportement. L'amour propre et l'estime de soi de celui-ci en sortent intacts, de même que sa relation affectueuse avec son parent. Cette douce admonition offre de grandes chances de succès sans causer de préjudice à l'enfant et de dommage à la relation.

Le message en «je», tout en étant en principe efficace, ne l'est pas toujours en pratique, du moins au premier coup. Il se peut qu'après un message en «je» même bien livré l'enfant réagisse fortement: Ex.: «Quand tu laisses traîner ton manteau, je suis frustrée, car j'aime bien voir la maison en ordre.» À ce message en «je», l'enfant peut toujours répliquer: «Tu es toujours sur mon dos!» Dans ce cas, faire alors de l'écoute active et lui dire: «Tu as l'impression que je te harcèle.» Puis, revenir au message en «je»: «Moi, mon intention n'est pas de te harceler, mais de tenir la maison en ordre.» D'où alternances de propos en «je» et d'écoute active. En écoutant l'enfant, vous l'amenez à vous écouter.

Parfois, à la suite d'un message en «je» que vous adressez à l'enfant pour un comportement inacceptable ou désagréable, il convient de l'inviter à réfléchir avant de répondre. Ex.: «Quand tu me traites d'ingrate, je suis très insultée et fâchée; et je voudrais que tu réfléchisses sur la manière dont tu me traites. Nous en reparlerons demain.» Un temps de réflexion alloué à l'enfant porte souvent des fruits.

Un peu plus loin, nous verrons que dans les situations plus graves le parent pourra se servir de l'interpellation.

Comprendre les motivations de l'enfant-problème

Quand l'enfant se conduit d'une manière étrange, impolie ou rebelle, si vous avez la présence d'esprit et la quiétude intérieure, demandez-vous: «Quelle intention mon enfant poursuit-il en se comportant de la sorte?» Essayez de répondre à cette question en vous mettant dans sa peau.

Les principaux buts inconscients qu'un enfant poursuit lors d'un comportement négatif sont les suivants:

1. Attirer votre attention dont il se sent privé.

2. Se faire valoir, son importance sociale n'étant pas suffisamment reconnue.

3. Se venger, car il se sent lésé dans ses droits.

4. Se montrer passif et non coopérateur. Il refuse d'acquiescer à la moindre petite demande; il s'isole et veut vous démontrer que vous êtes un mauvais parent.

Comment reconnaître dans ces circonstances les buts inconscients de l'enfant? Vous n'avez qu'à prendre un moment pour faire un retour sur vous-même et vérifier ce que le comportement de l'enfant provoque en vous:

- Vous êtes ennuyé par l'attitude de l'enfant. Vous devenez fatigué de répéter la même consigne?

  Il est probable que l'enfant manifeste un besoin d'attention.

- Vous vous sentez engagé dans une lutte de pouvoir?

  C'est que l'enfant désire avoir plus de pouvoir et de responsabilité.

- Vous vous sentez blessé et vous avez le goût de vous venger à votre tour?

  Votre enfant cherche à se venger pour une blessure quelconque.

- Vous avez un sentiment d'impuissance et de désespoir face à l'enfant?

  Vous pouvez en déduire que vous êtes en face d'un enfant découragé qui veut vous punir en se montrant incompétent et passif.

Comment réagir dans ces circonstances?

Évitez d'agir sur l'impulsion du moment; cela ne servirait qu'à empirer la situation.

Quand un enfant désire attirer votre attention par une conduite importune, ignorez-le. Par ailleurs, s'il se conduit bien, accordez-lui alors de l'attention.

Évitez la lutte de pouvoir. Interrogez-vous sur votre propre désir de faire valoir votre autorité à tout prix. Apprenez à partager vos responsabilités et vos décisions avec l'enfant.

Si vous sentez que votre enfant veut se venger, essayez de savoir comment vous avez pu le blesser. Lui offrir vos excuses ou une réparation, s'il y a lieu.

Évitez de vous décourager devant l'enfant apathique et découragé. Encouragez ses moindres efforts. Prenez au sérieux sa situation, en évitant de vous complaire dans de faux apitoiements sur vous-même: «Pauvre de moi!» Si l'enfant manifeste des idées suicidaires, prenez-le au sérieux, et consultez.

Quand le parent est le problème

Le degré d'acceptation de l'autre dépend, jusqu'à un certain point, du degré d'acceptation de soi-même. Nous aimerions attirer l'attention du parent sur le climat émotif créé dans la maison. Certains comportements indésirables de l'enfant reflètent parfois la tension qui existe dans la maison. C'est comme si celui-ci sonnait à la fois l'alarme et essayait de se défendre contre le climat ambiant.

Voici quelques points à surveiller:

- un père ou une mère qui, à son travail, subit plus de tensions qu'il ne peut en supporter.

- une mère (ou un père) débordée d'occupations, parce qu'elle ne prend pas assez de temps pour elle (pour lui).

- les conjoints qui vivent des relations tendues pour toutes sortes de raisons: sexualité, argent, beaux-parents, amis, etc.

- une rivalité sourde entre parents pour l'affection privilégiée à l'égard d'un ou des enfants. Un enfant se montre alors tout-puissant à réclamer ce qu'il veut s'il réussit à s'allier avec un des parents contre l'autre.

- un deuil d'un des membres de la famille ou une perte d'amis lors d'un déménagement, etc.

- des besoins non comblés: incapacité de manifester de l'affection, de demander un service ou d'en refuser un.

- difficulté de «parenter» un certain âge, par exemple des adolescents, parce qu'un parent n'a pas connu ou a mal vécu cette étape dans sa propre vie.

- crises temporaires, etc.

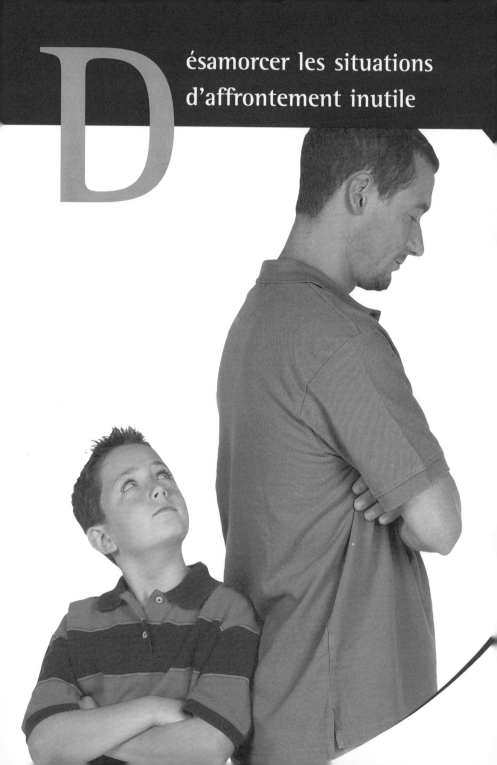

D

ésamorcer les situations
d'affrontement inutile

Pour qu'il y ait affrontement, il faut la présence d'une autre personne jouant le rôle d'adversaire. C'est pourquoi, quand l'enfant manifeste qu'il veut vous affronter, vous attaquer ou se venger, enlevez-lui votre participation. Comment? En ne lui répondant pas et en vous retirant. Vous lui indiquez par là votre refus d'entrer en lutte avec lui ou de vivre dans un climat de rivalité.

Reprendre contact ou rétablir la conversation avec lui une fois qu'il se sera calmé.

Ne pas céder au chantage qu'un enfant utilise pour demander quelque chose. Lui enseigner à faire ses demandes d'une manière claire, polie et sans détours.

Ne pas donner de jouet, de bonbon ou toute autre chose à un jeune enfant qui les demande en criant; le faire, c'est développer chez lui l'habitude de procéder ainsi. Attendre qu'il ait fini sa crise avant de lui donner l'objet réclamé, s'il y a lieu de le faire.

Si un enfant, par son comportement, réussit à vous pousser à bout de patience, accordez-vous un temps d'arrêt avant de réagir. Sinon, vous risqueriez d'envenimer la situation et de renforcer l'animosité entre vous deux. Enlevez-lui le pouvoir qu'il a sur vous en réagissant d'une manière toute contraire à ses attentes.

S'il s'agit d'un bébé, rappelez-vous que son taux de durée d'attention est court, et qu'il suffit d'enlever de sa vue un objet qu'il désire pour le lui faire oublier.

Si votre conjoint est en situation de conflit avec votre enfant, ne pas le contredire en présence de celui-ci. D'abord, vous risqueriez de vous mettre le conjoint à dos; puis vous empêcheriez l'enfant d'apprendre à régler lui-même ses affaires. Si vous jugez que votre conjoint a mal agi, parlez-lui en privé à un moment plus propice.

Si un enfant vous affronte avec beaucoup d'assurance devant votre conjoint, vérifier s'il ne serait pas de connivence avec celui-ci. L'enfant se montre brave parce qu'il se sent peut-être appuyé par l'autre parent. Il le fera d'autant plus s'il sait que ça ne tourne pas rond entre vous deux. Il faut alors retrouver entre vous la bonne entente, de sorte que vous pourrez compter sur l'appui de votre conjoint lors d'une intervention auprès de votre enfant.

Distinguer entre conflits de besoins et conflits de valeurs

Quand il y a conflit entre le parent et l'enfant, il est important de se rendre compte de la nature du conflit. Le conflit est-il provoqué par des choses matérielles ou relève-t-il d'un sujet culturel ou moral? Dans le premier cas, vous êtes en présence d'un conflit de besoins. Ex.: On se dispute au sujet des émissions de télévision; la fille accapare le téléphone durant des heures; le fils qui s'exerce à la batterie fait un bruit infernal, etc. Dans le deuxième cas, il n'y a pas de réalités matérielles en cause, on peut alors soupçonner qu'il s'agit d'un conflit en matière de croyances morales ou culturelles. Ex.: Le parent désire que son enfant écoute du classique, l'enfant, lui, écoute du «Rock»; le parent veut que sa fille apprenne le ballet, elle désire travailler chez McDonald avec ses amies, etc.

Pour les conflits de besoins, on peut parvenir à une entente grâce à la négociation qui permet de trouver des solutions satisfaisantes pour l'enfant et le parent.

Quand il s'agit de conflits de valeurs entre parent et enfant, la solution n'est pas aussi facile à trouver que dans les conflits de besoins, car les conflits de valeurs comportent plus d'impondérables, comme nous le verrons plus loin.

Selon Thomas Gordon, trop souvent les parents prennent des conflits de valeurs pour des conflits de besoins. Aussi déclenchent-ils des batailles inutiles avec leurs enfants, surtout avec leurs adolescents. Pour certaines valeurs, Gordon considère que les parents devraient laisser à leurs enfants des zones où ils ont pleine liberté de choix.

Voici quelques-unes de ces zones où ils peuvent exercer leur liberté: choix de leur tenue vestimentaire, choix des amis, choix d'une carrière, choix du temps de la journée pour étudier et faire les devoirs, choix de la décoration de la chambre (les bibelots et les photos), choix de comportements quelque peu extravagants. Ex.: cheveux longs, etc.

Bien entendu, s'il s'agit d'un comportement illégal (fumer de la «mari»), d'un comportement contraire aux mœurs de la famille (coucher avec son copain dans sa chambre), ou destructeur (imprudences en voiture), le parent a le droit et même le devoir d'interpeller l'adolescent.

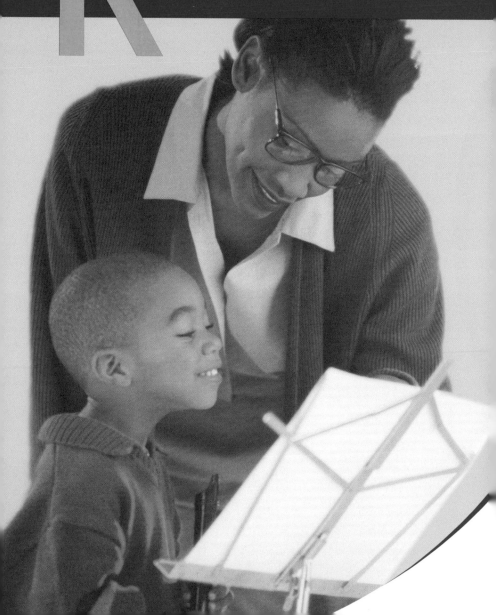

Respecter les domaines où la liberté de l'enfant est en jeu

Les parents ont à exercer l'art difficile de discerner les aires de liberté de plus en plus nombreuses et étendues qu'il convient d'accorder à l'enfant à mesure qu'il grandit.

Apprendre à faire des choix

En tenant compte de son degré de maturité, placer l'enfant dans la situation d'avoir à faire des choix. Lui fournir l'occasion, par exemple, de choisir entre deux jouets, entre deux fruits, entre deux écoles, etc. Éviter par ailleurs de le mettre dans la situation de faire des choix qui risquent de le dépasser ou de l'écraser. Ex.: Demander à un enfant de choisir entre son père et sa mère lors d'un divorce, etc.

Jouir de son espace et de son temps

L'enfant doit avoir des moments à lui, un endroit à lui (sa chambre), des meubles à lui (une table de travail). Il doit pouvoir se retirer pour être seul, jouer seul, travailler seul. Le parent devrait donc respecter son espace et son temps.

Attention à trop d'intrusions dans son intimité ou dans son espace. Ex.: des caresses trop abondantes et inopportunes, des irruptions dans sa chambre sans avertissement, des interventions non annoncées dans ses jeux. Exemple d'une bonne habitude à acquérir: au moins quinze minutes à l'avance, avertir l'enfant en train de jouer que l'heure du repas approche.

Allocations de l'enfant

Une allocation hebdomadaire accordée à l'enfant est une bonne façon de lui apprendre à exercer sa liberté dans l'usage de l'argent. Savoir ajuster le montant aux besoins de l'enfant ou de l'adolescent. Lui faire confiance touchant l'utilisation qu'il fera de son argent.

Dans la même veine, pour développer chez l'adolescent le sens de sa responsabilité, certains parents l'initient pour ses achats à la gérance d'un minibudget. Ex.: «Voici un certain montant pour l'achat d'un pantalon; c'est à toi de voir où c'est meilleur marché.»

Services rendus aux enfants

Actuellement, plusieurs éducateurs jugent que les parents rendent beaucoup trop de services à leurs enfants, les empêchant du même coup d'apprendre à se débrouiller seuls. (Ex.: le transport en voiture assuré pour les diverses activités comme la danse, le hockey, etc.) Pourquoi ne pas les habituer à marcher, à prendre l'autobus ou encore à demander d'être conduits par les parents d'un ami qui participe à la même activité.

À voir certains parents combler leur enfant d'attentions démesurées, on dirait qu'ils se sentent coupables de ne jamais en faire assez pour eux. Au cours d'un voyage en avion d'une durée de cinquante minutes, un éducateur a noté qu'une mère, pour occuper son enfant, lui avait donné une quarantaine de marques d'attention.

Développer l'art de la négociation

En communication familiale, l'art des arts pour le parent et l'enfant, c'est d'apprendre à négocier de manière à ce que tous en sortent gagnants.

La négociation s'impose dans les cas de conflit de besoins. Ex.: L'enfant joue sa musique trop fort; il utilise les outils de son père; il veut s'acheter une moto et il est mineur, etc. Dans ces cas, il s'agit d'un conflit de besoins, car l'action de l'enfant a un effet observable et physique sur le parent.

Dans un cas de conflit de valeurs, on ne constate pas pareils effets physiques. Ex.: L'enfant aime mieux jouer les instruments de percussion alors que sa mère veut qu'il joue du violon; l'adolescent porte des boucles d'oreille, son père n'aime pas ça, etc.

Les phases de la négociation pour les cas de conflits de besoins

1. Préparer l'enfant à accepter la négociation et non la lui imposer. Pour ce faire, choisir un lieu privé et un moment qui convient aux deux. Vanter la valeur et l'utilité d'une négociation d'où les deux sortiront gagnants.

2. La première phase de la rencontre consiste à déterminer les besoins de l'enfant et ceux du parent. Ex.: L'enfant a besoin d'outils pour réparer sa bicyclette; le parent exige que ses outils soient remis en ordre dans son atelier.

3. Faire un «remue-méninges» (tempête d'idées) pour trouver des solutions susceptibles de combler les besoins des deux. C'est une période de créativité où l'on ne juge pas de la qualité des solutions.

4. Choisir un ou deux moyens ou solutions propres à satisfaire les besoins des deux.

5. Trouver la formule d'application de ces solutions sur lesquelles on s'est entendu. Qui fait quoi? quand? où? comment?

6. Se donner un autre rendez-vous pour évaluer l'application des nouvelles solutions et le degré de satisfaction du parent et de l'enfant. Sinon, reprendre les différentes phases de la négociation.

La négociation aide l'enfant à prendre ses responsabilités, à s'engager dans la recherche de solutions et à acquérir l'art de négocier dans les situations de conflits de besoins.

Créer un conseil de famille

Le conseil de famille permet à chacun de ses membres de s'exprimer et de développer le sens de sa responsabilité en prenant part aux décisions concernant le groupe familial.

Le conseil de famille se réunit à la même heure chaque semaine ou à toutes les deux semaines pour discuter d'événements joyeux comme les sorties, les vacances, ou encore de choses moins agréables comme la répartition des tâches domestiques et l'établissement de certains règlements.

Le conseil de famille ne doit pas devenir pour les parents une occasion de prêcher, ni pour quiconque de «laver son linge sale» seulement. S'il y a lieu d'exprimer des sentiments négatifs, éviter de le faire en attaquant par des messages en «tu», et veiller à parler à l'aide de messages en «je». Ex.: Quand Nathalie reste trop longtemps dans la salle de bain le matin, je...»

Aborder un seul thème ou problème à la fois, et conduire la discussion sous une forme interrogative: «Qu'est-ce que l'on peut faire à propos de...?

À tour de rôle, les membres de la famille qui en sont capables pourront agir en qualité de président du conseil de famille.

Tâches du président

1. Commencer la réunion à l'heure.

2. Encourager celui ou celle qui a la parole à s'exprimer librement, et empêcher qu'il ne soit interrompu par les autres membres avant d'avoir dit tout ce qu'il avait à dire.

3. Conserver le même sujet de discussion jusqu'à ce qu'il soit épuisé.

4. Parler à la fin après que tous se seront exprimés.

Les règles des réunions d'un conseil de famille

Une personne qui a la parole doit pouvoir s'exprimer librement et aussi longtemps qu'elle le désire.

La présence aux réunions du conseil est facultative.

Aucune décision concernant un absent ne doit y être prise.

Toute décision est sujette à révision.

Pour convoquer ou annuler une réunion du conseil, l'approbation de tous les membres est requise.

Procéder plus par consensus que par vote.

Si on le juge utile, voir à ce que les membres de la famille s'engagent par contrat à exécuter certaines tâches domestiques ou à donner suite à une résolution.

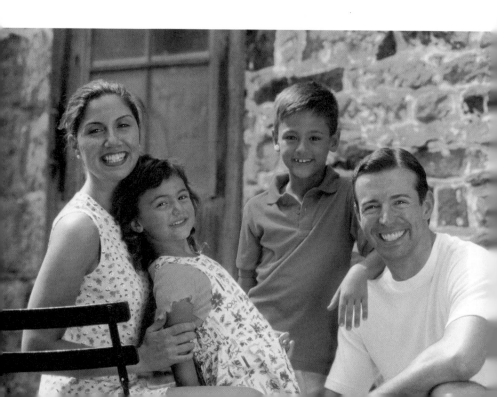

Guider l'enfant dans la recherche de ses valeurs

Entre imposer ses valeurs morales à son enfant et démissionner devant la tâche de veiller à sa formation morale, il existe un juste milieu: le guider dans le choix des valeurs que lui seul aura à faire.

Comment guider l'enfant dans son choix de valeurs?

L'exemple des parents et des personnes signifiantes

L'exemple demeure le facteur le plus déterminant de la formation morale. Le respect enseigne le respect; l'honnêteté enseigne l'honnêteté, la patience enseigne la patience, etc.

Les enfants sont plus sensibles aux gestes concrets des parents qu'à leurs discours moralisants. Quand le comportement du parent est en contradiction avec son discours moral, l'enfant est porté habituellement à en imiter la conduite. Ex.: Le discours d'un père qui recommande à ses fils de respecter les filles, alors qu'ils le voient visionner des films pornographiques, n'aura pas beaucoup d'influence bienfaisante sur eux.

Demander à l'enfant un comportement moral que le parent n'a pas engendre chez lui de la confusion. Ex.: Le père alcoolique qui dit à sa fille de ne pas se droguer.

Il en est de même quand il s'agit d'inculquer des valeurs religieuses. Des gestes de foi éclairés accomplis par le parent, comme la prière ou une pratique religieuse assidue, valent plus que tous les beaux discours sur la religion.

Pour que son exemple de vie morale soit efficace, le parent devra s'assurer de la qualité et de l'équilibre de sa propre vie morale. Par exemple, il sera attentif à ne pas pécher par excès de «vertu». Une qualité ou une vertu poussée à l'extrême peut conduire l'enfant à adopter le défaut opposé:

Parent bonasse = enfant indiscipliné
Parent trop méticuleusement responsable = enfant irresponsable
Parent trop exigeant = enfant paresseux
Parent trop rangé = enfant excité
etc.

Le progrès moral du parent n'est jamais terminé; aussi doit-il sans cesse harmoniser les différentes dimensions de sa vie morale afin d'offrir à l'enfant l'exemple d'un équilibre moral le plus parfait et attirant possible.

Les parents qui reconnaissent leurs erreurs et qui s'appliquent à les réparer transmettent à leurs enfants, par leur honnêteté et leur humilité, une leçon morale d'une efficacité incomparable.

Un parent peut avec raison demander à un enfant d'éviter de contracter une mauvaise habitude dont il est lui-même victime, pourvu qu'il admette avec honnêteté la difficulté qu'il éprouve de s'en défaire. Ex.: Un père à son garçon: «Comme je voudrais t'éviter d'être comme moi, esclave de la cigarette!»

Être capable d'éclairer l'enfant sur le bien-fondé d'une valeur ou d'un comportement moral

S'armer d'arguments solides aptes à démontrer le bien-fondé de certaines pratiques d'ordre moral ou religieux (témoignages, statistiques, faits historiques, rapports d'experts, etc.). Choisir le moment propice pour faire un exposé convaincant sur l'importance et le bien-fondé des valeurs ou d'une conduite morale. Ex.: «Les statistiques sur les mariages d'adolescents démontrent que...» À noter qu'il est conseillé que le parent ne fasse pas plus qu'un exposé. Car à répéter les mêmes considérations, il risque de provoquer un effet de rejet de la part de l'enfant. Ex.: «Ouais, ouais, on le sait...»

Enfin, présenter ses convictions d'une manière autoritaire et hargneuse peut ruiner le côté fascinant du contenu lui-même et en détourner l'auditeur.

Une fois que l'enseignement aura été donné et discuté avec l'enfant ou l'adolescent, le laisser décider par lui-même

Après avoir examiné avec son enfant ou son adolescent les diverses facettes et conséquences d'une conduite morale donnée, se montrer confiant que, dans les circonstances, il sera capable de faire le meilleur choix pour lui à ce moment-là.

Agir ainsi à son égard dès qu'il a atteint le degré voulu de maturité, c'est le plus beau signe d'ouverture, de respect et de magnanimité que les parents puissent lui donner. La raison en est que, dans le domaine de la formation morale de l'enfant ou de l'adolescent, tout ce que le parent peut faire, c'est de l'accompagner et de l'aider à former son jugement moral, à faire un juste discernement, et à intégrer les valeurs enseignées par les parents et celles qui sont véhiculées par la société.

Autres considérations

Avant de condamner la «jeunesse», se montrer prêt à se laisser interpeller par elle, voire influencer par certaines valeurs des «jeunes». Ex.: porter un vêtement à la mode, se laisser pousser les cheveux, s'occuper d'écologie, etc.

Par ailleurs, les adolescents en particulier s'attendent à ce que leurs parents continuent de professer et de vivre leurs convictions, même si eux-mêmes ne se sentent pas prêts à les adopter. Ex.: Un adolescent qui n'allait pas à la messe a mis son père au défi de lui montrer les bienfaits d'une telle pratique. Son père ne sut pas quoi lui répondre. Et au grand désappointement de l'adolescent, il cessa d'assister à la messe dominicale.

Éviter les discussions sur la morale et la religion qui se transforment en luttes de pouvoir.

Pour se consoler, il est bon que les parents se rappellent que leurs enfants adopteront à quatre-vingt-dix pour cent les convictions morales transmises dans la famille.

1

ntervenir ou non
dans les disputes d'enfants

Quand des disputes éclatent entre enfants, évitez de vous faire juge ou arbitre, car l'attention que vous accordez à leurs conflits encourage les enfants à continuer à se disputer ou à reprendre leurs disputes. La meilleure stratégie est de vous retirer au moment où la dispute commence. Laissez-les régler leurs différends; ils seront moins portés par la suite à se provoquer.

Méfiez-vous de celui qui semble le plus faible des deux. Il cherchera à obtenir la protection des parents et profitera de la situation pour faire punir le plus grand.

Séparez les enfants et traitez-les de façon égale. Ex.: les envoyer dans leur chambre ou leur enlever l'objet du litige.

Enseignez-leur des moyens de résoudre leurs différends d'une façon pacifique. Ex.: Tirer au sort pour savoir qui sera le premier à utiliser un lieu ou un objet et pendant combien de temps. Une sonnerie de cuisine indiquera le moment venu de donner à l'autre son tour.

1 nterpeller son enfant sur ses comportements destructeurs

Qu'est-ce que l'interpellation?

L'interpellation en cause est une mise en demeure respectueuse mais ferme, signifiée à l'enfant de cesser d'avoir une conduite illégale, immorale ou destructrice pour lui ou pour les autres.

Pour corriger de tels écarts de conduite, il ne saurait être question d'essayer de négocier. Il ne faut pas imiter la naïveté de cet intervenant social qui a convaincu une mère seule à négocier avec son fils le nombre de fois qu'il lui serait permis de fumer de la marijuana à la maison.

Le parent n'est pas la cause des comportements délinquants, mais il est forcément mis en cause. Il doit dès lors intervenir. Tôt ou tard, tout parent se trouvera dans la situation de devoir interpeller son enfant. Malheureusement, un grand nombre de parents s'y dérobent par crainte et par manque de courage. Ils devraient savoir qu'une interpellation bien conduite est susceptible de changer pour le meilleur le cours de la vie de leur enfant et de lui épargner une foule d'embêtements.

Voici un échantillonnage d'actions qui commandent d'interpeller.

- Votre garçon accumule dans sa chambre des objets de grande valeur. Vous n'êtes pas sans vous demander comment il a pu se les procurer.

- Votre fille de 14 ans a participé à une partouze.

- Votre fils de 8 ans torture les grenouilles.

- Votre fils de 18 ans a coursé avec votre auto.

- Vous trouvez de la «mari» dans la chambre de votre fils.

- Vous trouvez des pilules contraceptives dans le sac à main de votre fille de 13 ans.

- Votre fille fait partie d'un groupe de jeunes qui endommagent des propriétés quand ils sont «en boisson».

- Votre fils joue à des jeux presque suicidaires.
  Ex.: Donjons et dragons.

Conditions de succès de l'interpellation

- L'interpellation doit être basée sur des faits.

- Interpellez aussitôt que vous aurez obtenu des renseignements précis sur un comportement dangereux de votre enfant. Évitez de faire l'autruche.

- Interpellez seulement quand vous serez calme et capable d'être objectif.

- Ignorez les fausses excuses de l'enfant. Exigez de vraies explications.

- Faites savoir à l'enfant que vous ne jouerez pas au «Sauveteur» et qu'il aura à porter toutes les conséquences de ses actions.

- Ne lui donnez pas de punition, mais faites-lui savoir que vous appliquerez les conséquences réglementaires de son acte. Ex.: «Si tu ne veux pas m'expliquer pourquoi tu gardes une livre de marijuana dans ta chambre, je devrai appeler la police.»

- Armez-vous de patience et de persévérance, et cherchez l'appui de votre conjoint ou d'amis. Vous en aurez besoin pour tenir le coup au cours d'une interpellation qui peut s'étendre sur plusieurs jours et même plusieurs semaines.

La dynamique de l'interpellation

Au cours d'une interpellation, vous êtes amené à jouer le rôle d'un «facilitant» qui aide l'enfant à se sortir lui-même du «pétrin» où il s'est placé. À cette fin, vous observerez les consignes suivantes:

1. Vous demanderez à l'enfant de fournir des explications sur sa conduite illégale, immorale ou destructrice. Ex.: Il prépare ses examens avec des questionnaires qu'il a volés.

2. Une fois qu'il vous aura expliqué la situation d'une manière satisfaisante, demandez-lui quelles conséquences de sa conduite inacceptable il prévoit.

3. Quand l'enfant ou l'adolescent aura découvert lui-même les conséquences néfastes de sa conduite répréhensible, interrogez-le sur la façon dont il prévoit se sortir de l'impasse dans laquelle il s'est mis.

4. Aidez-le à établir un plan d'action pour redresser sa conduite et pour en réparer les effets.

5. Veillez à ne pas trop vous impliquer au cours de ces démarches, de peur de vous substituer à l'enfant ou à l'adolescent. Car c'est à lui qu'il appartient de découvrir le caractère destructif de son comportement, d'en mesurer les conséquences et d'élaborer un plan de redressement.

Favoriser les élans de liberté de l'adolescent

De nombreux parents voient venir avec appréhension l'adolescence de leurs enfants. Ils ont entendu parler de cet âge comme d'une période difficile et ils se sont créé à l'avance des peurs exagérées. Certains qui ont eux-mêmes mal vécu leur adolescence ou qui ne l'ont pas vécue redoutent à ce point les difficultés de cette période qu'ils les provoquent inconsciemment. Toutes ces craintes et appréhensions n'aident pas à créer une saine atmosphère éducative. Il ne faudrait pas qu'ils cherchent à traverser le pont avant d'y être arrivés.

Les études sur l'adolescence ont révélé que, tant du point de vue physiologique que psychologique, tout prépare l'adolescent à quitter le foyer alors que dans sa situation il en est encore totalement incapable. D'où le sentiment d'être travaillé entre son envie de rester à la maison et celle de partir; d'où encore le sentiment d'être profondément attaché au foyer, tout en défiant les limites de la discipline familiale; d'où la tendance à profiter des avantages de la famille tout en voulant à tout prix faire partie d'un groupe; d'où sa préférence pour écouter plus les opinions des copains que les avis de ses parents; d'où son désir de faire des expériences de sa sexualité naissante ou d'états seconds que procure la drogue.

Les parents ressemblent alors un peu à des contrôleurs dans la tour d'un aéroport. Ils sont témoins des prouesses de jeunes pilotes qui en sont à leur premier vol, mais encore accompagnés d'un instructeur. Puis, un jour, ce sera le vol en solo. De leur tour de contrôle, les parents devront continuer à se maintenir en constante communication avec leur apprenti-pilote. Ils contrôleront encore la durée et l'itinéraire du vol afin de lui assurer le moment propice à un atterrissage en toute sécurité.

Les adolescents ont besoin de commencer à quitter le foyer sans pourtant le quitter de fait. Aussi est-il recommandé aux familles qui se connaissent d'échanger entre elles leurs adolescents. C'est un bon moyen de satisfaire à la fois le besoin de partir et celui de maintenir les liens avec la famille.

Au cours de ces absences du foyer, l'adolescent trouvera l'occasion d'expérimenter sa liberté et d'apprendre à nouer des relations avec des étrangers. Alors seront mis à l'épreuve les apprentissages acquis à la maison, en particulier ceux de l'estime de soi et de son autonomie.

J eux vidéo

Depuis quelques années, le secteur des jeux vidéo connaît un essor formidable. Les pré-adolescents et les adolescents en sont devenus experts. Ils ont réussi, parfois, à éloigner toute présence parentale de ce domaine. Même si plusieurs jeux vidéo demeurent instructifs et développent chez l'enfant certaines facultés, celles par exemple de l'observation et de la concentration, il reste que de nombreux autres jeux peuvent avoir des effets nocifs sur la santé mentale des jeunes. Ils peuvent contribuer à créer:

1. une dépendance

Jouer à des jeux vidéo peut devenir un moyen de partager une activité avec des camarades. Pourtant ce semblant de socialisation est souvent celui d'un monde fermé et basé sur l'agressivité. Pour certains joueurs, cette activité crée une dépendance. Elle les isole des autres et des proches quand la majeure partie du temps consacré aux loisirs se réduit à cette activité. Le jeune manque alors les bienfaits du contact avec la réalité culturelle et sociale de son milieu. Plusieurs adolescents sont de grands utilisateurs de jeux en ligne à joueurs multiples. Il s'agit de jouer des rôles dans lesquels les joueurs prennent de nouvelles identités et évoluent dans un monde virtuel. Du même coup, ils négligent souvent leurs travaux scolaires et les autres obligations de la vie quotidienne.

2. un monde irréel

Plusieurs jeux vidéo dépeignent le monde comme un endroit dangereux dans lequel l'autre n'est qu'un ennemi à abattre. Les personnages masculins sont les agresseurs et les rares personnages féminins sont souvent vus comme des victimes. Dans ce cas, les enfants ne savent plus distinguer la réalité de cette fiction.

3. la violence

La violence que l'on observe dans les jeux vidéo n'est exercée habituellement qu'à des fins ludiques: elle est gratuite, fabriquée pour le spectacle. Elle tend à faire voir comme normale l'agressivité dans les rapports aux autres et contribue à relâcher les ressorts de compassion dans la vie réelle. Elle stimule l'instinct de domination: «J'ai le pouvoir sur la vie, sur la mort; je peux tuer!»

4. les émotions fortes

Même si les psychologues ne s'entendent pas toujours sur les effets bons ou mauvais du jeu vidéo sur la personne, il demeure que cette activité exige du joueur d'être en état d'alerte permanent. Cela signifie que son système musculaire est toujours sous forte tension, et qu'il réagit seulement aux émotions fortes (violence, musique forte, etc.). L'organisme d'un joueur compulsif (certains jeunes passent la majorité de leurs loisirs à jouer) s'habitue à fonctionner ainsi dans les autres activités quotidiennes, ne sachant plus comment relaxer et réagir à des émotions plus douces et plus communes.

Les parents et les jeunes devraient être sensibilisés à ces enjeux. Il importe que le parent s'implique davantage dans le choix des jeux vidéo, qu'il négocie avec l'enfant ou l'adolescent sur le temps alloué à cette activité et qu'il parle avec lui des conséquences liées à ses jeux préférés. Le thème "jeux vidéo" pourrait fort bien être l'objet d'un conseil de famille.

Pour certains thèmes, on se réfère à plusieurs sites web que les parents pourront aussi consulter avec profit : *Réseau Éducation-Médias* (enjeux des médias, jeux vidéo), *EducNet, Carrefour éducation* (consultation dans internet), *Pharmacie Jean Coutu* (drogue et soins de santé), *Le Petit Conseiller* (situations spécifiques aux enfants et adolescents, documents de formation destinés aux parents).

Éducation aux médias

«On assiste actuellement à l'invasion totale de l'image. [...] Elle empêche toute distance critique, parce qu'on est facilement séduit et parfois subjugué par elle. L'image envahit tout. [...] L'univers des images est aussi devenu le lieu des compensations. Nous nous projetons dans cet univers pour toutes sortes de raisons: pour fuir la vie trop difficile; parce qu'on préfère l'artificiel. [...] La photo d'information est reçue comme vraie par la grande masse des spectateurs. L'image s'impose. Avec, comme conséquence, l'acceptation non critique des résultats des techniques: la caméra est là, donc les images sont vraies. [...] L'image est en train de modeler de nouvelles formes de pensées; on est maintenant à l'heure de la saisie globale. Finie l'argumentation bien disciplinée, finie la distance critique. Ce qui compte, c'est la force de l'évidence visuelle et la conviction du témoin.[5]»

Avec ces quelques remarques, on aura compris l'importance d'une éducation aux médias, d'autant plus que la télévision et la location de films tendent souvent à remplacer la gardienne. Ne sait-on pas d'ailleurs que la plupart des adolescents âgés de 12 ans consacrent plus de quatre heures par jour à regarder la télévision?

Une éducation aux médias devrait apprendre aux enfants et aux adolescents qu'ils ont leur mot à dire en tant que consommateurs et qu'ils ont à exercer une conscience critique par rapport à la masse d'informations

---

5   Ces différents aspects de l'image renvoient aux écrits de J. Ellul, cité par G. Marchessault dans *Médias et foi chrétienne. L'image à l'épreuve de l'idôlatrie*, Novalis, 1998.

71

et d'images qui y sont présentées. À quelle réalité nous renvoie tel produit médiatique? Est-il seulement une pure fiction ou une fenêtre sur le monde réel qui nous entoure? Quels sont les protagonistes? Comment sont présentés l'homme et la femme, les minorités ethniques? Quels types de rapports vivent-ils entre eux? Quelles sont les valeurs qui y sont véhiculées? En quoi telle émission me fait m'interroger?

Compte tenu de la recrudescence de la violence dans les médias, une éducation à ceux-ci doit aider les enfants et les adolescents à mettre cette violence en perspective afin d'en diminuer ses effets: les données que la psychologie accumule sur le sujet depuis plusieurs années démontrent constamment une relation incontestable entre le degré d'assujettissement à la télévision et le comportement des jeunes. Plus l'enfant y voit d'événements violents et agressifs, plus il est porté à être agressif dans ses rapports avec ses pairs et ses parents, cela quelques soient le sexe de l'enfant, son âge, sa classe sociale, son milieu ethnique, sa personnalité ou son degré habituel d'agressivité[6].

La famille devrait être un lieu qui permette de s'interroger sur la manière dont on exploite la violence dans les médias ou de se questionner sur les raisons de son omniprésence: est-elle nécessaire à l'intrigue? ou sert-elle seulement à créer de l'excitation? On devrait également pouvoir partager sur les sentiments que chacun ressent (et sur ceux qu'il ne ressent plus, tellement ce qu'il regarde est devenu banal) devant les tragédies humaines qui nous sont rapportées comme les guerres, les viols, les meurtres ou les attentats.

Une lecture du programme télévisuel de la semaine devrait conduire l'enfant et l'adolescent à choisir les émissions qu'il devrait ou ne devrait pas regarder.

---

6   Cf. D. Goldhaber, *Psychologie du développement*, traduction de M-C. Désorcy, Éditions Études Vivantes, Montréal, 1988.

1nternet

L'internet trouve maintenant sa place dans plusieurs familles. Il est une source riche de renseignements divers, un outil pédagogique pour de nombreux élèves et un moyen de communication apprécié. Il préoccupe cependant les parents qui craignent que leur enfant ou adolescent se rende sur des sites inappropriés ou fasse des rencontres obscènes, ou encore passe trop de temps devant l'écran. Ici encore, plutôt que d'en interdire simplement l'usage -ce qui ne ferait qu'aiguiser la curiosité-, il conviendrait d'éduquer et de former les jeunes à faire une utilisation responsable de ce nouvel outil: sites et portails disponibles, répertoires spécifiques, agences de presse, accès aux dictionnaires, aux encyclopédies et aux bibliothèques, crédibilité de l'information, besoins personnels de consulter tel site, etc.

Il y a par ailleurs un drame dans plusieurs familles, c'est que les jeunes connaissent plus les disponibilités de l'internet que les parents qui se voient dépassés par leur progéniture. Aussi les parents doivent-ils eux-mêmes s'éduquer à l'usage de l'internet. C'est à cette condition seulement qu'ils pourront protéger efficacement leurs enfants contre certains dangers possibles.

Concernant le «clavardage» (chat) qui est un échange en ligne de messages écrits, sonores ou visuels entre plusieurs utilisateurs du réseau, on constate que de nombreux jeunes laissés sans surveillance échangent des informations et se font proposer de rencontrer en face à face des personnes qu'ils ne connaissent que par l'internet. Le parent devrait apprendre aux jeunes à protéger leur vie privée en leur interdisant de communiquer toute information personnelle. Il faut savoir et faire savoir aux enfants et aux jeunes que le clavardage est un des moyens privilégiés par les réseaux pédophiles pour rejoindre leurs victimes: des internautes adultes peuvent prendre une fausse identité pour mieux rentrer en contact avec l'enfant, qui, mis en confiance, fournit des informations qui l'identifient ou le localisent.

Aussi, par rapport à l'utilisation de l'internet à la maison, il nous semble indispensable qu'une entente familiale en précise des règles strictes d'utilisation.

Sexualité – pornographie

Le parent a une place privilégiée dans l'éducation affective et sexuelle de son enfant ou adolescent pour préparer celui-ci à un exercice responsable de sa sexualité. Il s'agit de l'initier à la beauté de l'amour, à la grandeur de l'amitié et à la maîtrise de soi. Cette initiation se fonde sur des convictions personnelles comme le respect de l'autre, le rôle éducatif des interdits, l'engagement de toute la personne dans le don de soi. Il convient cependant de se rappeler que cette éducation se fait autant par l'exemple que par le discours. Si des parents se querellent sans cesse, l'enfant comprendra facilement que leur propos sur la maîtrise de soi ou le don de soi à l'autre n'aura que peu ou pas de portée sur lui! L'éducation affective et sexuelle suppose chez le parent une grande disponibilité pour un dialogue avec les jeunes. Elle prévoit aussi une formation au sens critique des messages transmis sur la sexualité dans les chansons, le cinéma ou la télévision.

Certains parents se plaignent du fait que leur enfant ou adolescent s'amuse à regarder de la pornographie. Si c'est le cas, il convient de susciter un dialogue avec lui sur le sujet: "J'ai remarqué que tu avais des revues pornographiques dans ta chambre, que tu consultais des sites pornographiques sur l'internet, parlons-en!". Quelle image de la sexualité diffuse telle ou telle revue? quelle conception de l'amour donne-t-elle? quelle vision du couple offre-t-elle? Quelles relations les femmes y entretiennent-elles avec les hommes et vice versa?

Il conviendra de faire prendre conscience que la pornographie ment sur la sexualité, particulièrement sur celle des femmes qui sont amenées à jouer des rôles dégradants et sur celle des hommes qui y jouent le rôle de macho. Elle crée un monde d'illusion qui peut conduire à certains passages à l'acte: tapoter une femme, insulter les femmes, machisme, etc. Elle peut aussi conduire à certaines pathologies d'ordre sexuel comme l'exhibitionnisme, le sadisme ou le voyeurisme. Une mère confiait à son adolescent: "Je ne me sens pas respectée par toi quand tu regardes des revues pornographiques!".

Le dialogue avec l'enfant ou l'adolescent visera à compléter son éducation sexuelle et l'aidera à socialiser adéquatement avec les femmes ou les hommes, dans le respect et l'égalité des sexes.

1 ntimidation et taxage

Le taxage est une forme d'intimidation chez certains jeunes qui usent de menaces ou d'actes de violence faits sur d'autres jeunes pour leur dérober de l'argent, des habits ou des objets de valeur. Le phénomène se produit généralement dans l'environnement de l'école et touche autant les jeunes du niveau primaire que ceux du secondaire. La victime du taxage vit dans la peur et évite rigoureusement d'en parler à quiconque. Elle se tait. Que faire? Intervenir!

1. L'enfant victime d'intimidation et de taxage change souvent ses comportements habituels: il devient silencieux, se retire, ne veut plus parler d'école, ne veut plus aller à l'école, a des idées suicidaires, etc. Inquiets des changements de comportements qu'il observe chez son enfant, le parent essaiera de briser son silence en l'interrogeant délicatement.

2. Pour enrayer le taxage, il faut organiser une concertation des diverses personnes concernées. Le problème est trop lourd à porter pour l'enfant seul. Il faut contacter le directeur, le psychologue scolaire, le professeur titulaire, le surveillant. Également, le parent avertira le comité de parents que quelque chose se passe dans l'environnement scolaire.

3. On impliquera l'enfant dans la solution du problème. On le supportera de manière à ce qu'il puisse révéler ce qui se passe, et dire qui fait quoi. Il est important qu'un éducateur soit présent quand l'enfant ou le jeune confrontera son ou ses agresseurs.

4. Une fois le problème révélé et les agresseurs confrontés, il sera nécessaire pour le parent de suivre de près l'évolution de l'enfant. Son rôle consistera surtout à protéger son enfant ou adolescent qui aura osé briser la loi du silence.

5. Si l'intimidation continue, le parent songera à changer rapidement l'enfant de son milieu scolaire.

C'est grâce aux contacts avec des amis que l'adolescent apprend à se comporter avec les autres, avec les personnes de l'autre sexe, à se faire aimer et à collaborer avec eux. Ces contacts favorisent chez lui l'exercice et la prise en charge de ses nouvelles expériences et émotions. L'adolescent y expérimente l'amitié, partage et confronte avec l'autre ses sentiments et ses pensées.

Souvent, il réclame des parents la liberté de sortir ou d'organiser un «party» sous le toit familial en demandant qu'on lui fasse pleinement confiance. Ces demandes devraient faire l'objet d'une négociation entre parent et adolescent. Pour ce qui concerne les sorties, il devrait être clair pour tout adolescent qu'il peut à n'importe quelle heure de sa soirée appeler son père ou sa mère pour venir le chercher. Il devrait être informé qu'il est même tenu à le faire quand on a pris de l'alcool ou de la drogue ou que le chauffeur désigné pour le ramener se désiste au dernier moment.

Si l'adolescent souhaite organiser un party sous le toit familial, il conviendra entre lui et le parent de s'entendre sur certaines règles à respecter:

- heure du début et de la fin du party.

- nombre et noms des invité.es.

- aucune présence ou consommation d'alcool ou de drogue n'y est tolérée.

- déroulement de la soirée: musique, nourriture, etc. Qui fait quoi?

- les parents se réservent le droit d'entrer dans la pièce où se tient le party.

- l'adolescent se charge (préciser le moment) du nettoyage des lieux.

- un bilan du fonctionnement de la soirée sera fait avec l'adolescent ultérieurement.

D rogue

Aucun milieu de la société n'est épargné. Il est connu que le groupe qui consomme de la drogue exerce des pressions pour que tous les membres en consomment. Le thème «drogue» devrait lui aussi faire l'objet d'un conseil de famille, afin d'aider l'adolescent, face à la drogue, à faire des choix responsables: qu'est-ce qu'une drogue? (privation de sa liberté à l'aide d'une substance), les différentes drogues et leurs effets, les problèmes de santé rattachés à la consommation, le côté légal, etc.

Certains parents tendent à cacher le problème de drogue de leur enfant. Ils manquent de courage pour l'interpeller et le référer aux organismes qui peuvent l'aider. Si les parents soupçonnent leur adolescent de consommer de la drogue, ils doivent prendre l'initiative d'en parler avec lui, afin d'entendre son mal-être, d'en découvrir la cause. Un divorce, une agression à caractère sexuel, le taxage ou un dysfonctionnement familial important peuvent pousser l'adolescent à consommer.

Plusieurs indices peuvent mettre la puce à l'oreille du parent: rougeur des yeux, paupières tombantes, pupilles dilatées ou contractées, insomnie ou siestes inhabituelles, modification soudaine de l'appétit, changements de comportement et de personnalité, irritabilité marquée (plus que celle propre à l'adolescence), retrait de la vie familiale, baisse du rendement scolaire, individus qui appellent et qui refusent de s'identifier, absences et retards fréquents, etc.

Apprendre à l'enfant à faire ses deuils

Un des apprentissages les plus importants de la vie consiste à faire ses deuils. Il est donc nécessaire pour les parents de familiariser leurs enfants avec la mort et de leur enseigner comment bien vivre un deuil.

C'est souvent la mort d'un petit animal qui offrira aux parents une occasion idéale pour répondre aux questions des enfants sur la mort et pour écouter les explications que les enfants eux-mêmes donnent à la mort. On peut aussi à l'occasion les faire participer à des rituels d'enterrement de petits animaux, ce qui les préparera à faire leurs adieux aux personnes chères.

Ne pas craindre d'amener l'enfant au salon funéraire s'il le désire. Par ailleurs, il ne faut jamais le forcer à y aller. Il convient de le préparer à l'avance à ce qui l'attend en lui disant par exemple: «Grand-mère sera couchée dans un cercueil; elle ne bougera pas et ne parlera pas, mais toi, tu pourras la toucher; son corps sera froid et insensible, mais de toute façon, elle saura que tu es près d'elle.»

Au salon funéraire, ne faire que de courtes visites avec l'enfant; éviter de le laisser seul dans le salon à moins qu'il y ait des gens qui s'occupent de lui. Au cours du service funéraire, on peut inviter l'enfant à faire un dessin de la personne décédée ou encore à rappeler les bons moments passés en compagnie de celle-ci.

Pendant qu'il vit son deuil, l'enfant ne peut pas supporter longtemps de demeurer triste, car son deuil n'est pas continuel comme celui d'un adulte. Il peut passer subitement de la tristesse à la joie si le goût de jouer ou de se distraire le prend. Par ailleurs, il arrive que, plusieurs semaines après la mort, alors que personne ne s'y attend, l'enfant manifeste de la peine au souvenir de la personne décédée.

Les jeunes enfants ont de la difficulté à se rendre compte du caractère irréversible de la mort. Aussi, il arrive que spontanément il demande quand la personne décédée reviendra.

Parfois, certains enfants peuvent se sentir coupables de la mort d'un parent ou d'un proche, mort qu'ils attribuent au fait d'avoir été «agaçants» ou de s'être fâchés contre lui. Il faut alors les aider à exprimer leur sentiment de culpabilité et les rassurer sur leur non-culpabilité.

L'enfant apprend à faire son deuil en imitant les membres de sa famille. Plus la mort et le deuil apparaîtront comme des événements naturels dans une famille, plus l'enfant trouvera facile de les vivre et de les intégrer à sa vie. Il sera alors préparé à faire face aux autres pertes qui surviendront.

Protéger l'enfant lors d'une séparation conjugale

Lors d'une séparation conjugale, il est inutile de se le cacher, les enfants subissent une blessure grave. Par suite de l'éclatement de la famille, l'enfant vit un traumatisme sérieux que les parents peuvent cependant atténuer et alléger par leurs paroles et leurs attitudes:

- Rassurer l'enfant à plusieurs reprises en lui disant que, même si le couple se sépare, les parents, eux, vont continuer à l'aimer et à prendre soin de lui.

- Lui redire qu'il a été engendré par amour et dans l'amour, et que ses parents continuent d'apprécier la beauté de leur acte et qu'ils ne regrettent rien.

- Lui communiquer le plus clairement possible les raisons de la séparation sans s'étendre sur les détails.

- L'assurer plusieurs fois qu'il n'est pas coupable de la séparation et que c'est une affaire qui regarde le couple exclusivement.

- Prévoir que l'enfant réagira parfois avec agressivité. Il peut s'en prendre à un conjoint et l'accuser injustement d'avoir été la cause de la séparation.

En l'occurrence, les garçons en particulier sont plus portés à poser des gestes délinquants à la maison ou à l'école que les filles qui, elles, ont plutôt tendance à demeurer silencieuses et à s'isoler. Les encourager alors à exprimer verbalement leurs émotions plutôt que de poser des actions nuisibles.

De même que sous l'effet de la pensée magique l'enfant a tendance à croire qu'il a provoqué la séparation de ses parents, il peut aussi se donner comme mission de les réunir. Certains vont même jusqu'à faire des mauvais coups pour forcer les parents à se réunir et à régler le problème de l'enfant.

Le plus grand désir de l'enfant d'une famille éclatée, c'est de voir ses parents se parler.

Si possible, l'encourager à faire partie d'un groupe d'enfants qui se trouvent dans la même situation que lui afin de lui donner l'occasion de partager ce qu'il vit.

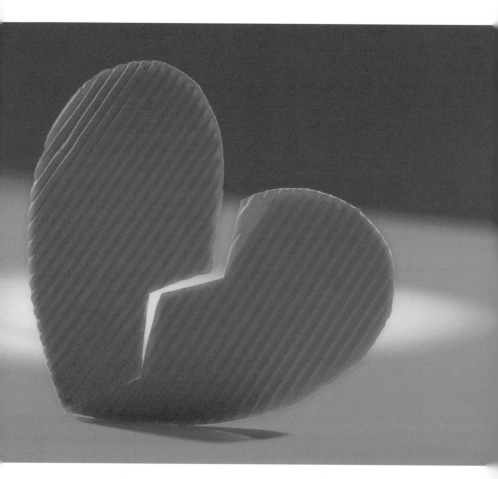

Vivre dans une famille monoparentale

Dans certains cas, il peut être très pénible pour un enfant de choisir avec quel parent il préférerait demeurer, car il craint qu'en optant pour un parent il ne perde l'affection de l'autre. Quand il s'agit de jeunes enfants, il est préférable que les parents décident. Dans le cas d'adolescents, il vaut mieux qu'ils prennent eux-mêmes la décision.

Quand, en présence de l'enfant, on a à parler du parent absent, il faut se garder de détruire l'image de celui-ci aux yeux de l'enfant. Par contre, il ne faut pas non plus l'idéaliser, car l'enfant aura raison de se demander pourquoi ses parents ont divorcé.

Si l'enfant veut connaître les raisons de la séparation, lui présenter les faits le plus objectivement possible. Ex.: «Ton père avait une maîtresse et je ne pouvais supporter une telle situation.»

Éviter d'utiliser l'enfant comme une source de renseignements sur la vie de l'ex-conjoint. L'enfant se sent très mal à l'aise dans ce rôle d'informateur. Il vaut toujours mieux s'adresser directement à l'ex-conjoint.

C'est aux parents qu'il appartient de régler les questions de pension alimentaire et de dépenses courantes de l'enfant. Si un enfant désire recevoir un traitement spécial, il devra être capable de le négocier lui-même avec ses parents.

Le parent avec qui vit l'enfant est exposé à subir le chantage de celui-ci qui le menacera parfois de s'en aller vivre chez l'autre parent s'il n'obtient pas ce qu'il veut. Il faut essayer d'ignorer ces tentatives de manipulation. Par ailleurs, quand vous êtes fâché, évitez de menacer à votre tour l'enfant de le renvoyer chez l'autre parent.

Montrez-vous fidèle et ponctuel pour vos visites à l'enfant, car il pourra facilement se sentir rejeté si vous ne vous présentez pas ou si vous arrivez en retard.

Ménager de l'espace libre à l'enfant qui vient en visite, des endroits et des tiroirs pour mettre ses effets.

Deux dangers menacent la relation parent-enfant dans une famille monoparentale: le premier est celui de la substitution. Il arrive que l'enfant s'efforce de remplacer le conjoint absent, ce qui risque de compliquer grandement son évolution, qu'il soit garçon ou fille. Le second danger provient de ce que le parent qui vit avec l'enfant retrouve en lui des traits de caractère de son ex-conjoint qu'il déteste, au point de concevoir envers lui de l'antipathie. Il n'est pas étonnant d'entendre des parents dire à leur enfant: «Tu me fais fâcher comme ton père!»

Si un adolescent commence à se montrer violent avec sa mère, demander au père de l'accueillir chez lui, car c'est souvent un signe que l'adolescent a besoin d'une présence masculine. Si le père est disparu ou qu'il ne veut pas recevoir l'adolescent, il est important que la mère voie à procurer à son enfant la compagnie d'un homme qui pourra le recevoir et s'occuper de lui.

Aider l'enfant à s'adapter à une famille reconstituée

Avant de penser à refaire sa vie avec un nouveau compagnon ou une nouvelle compagne, le parent devrait se donner du temps et s'assurer d'avoir fait le deuil de la relation amoureuse qui vient d'être brisée. Cela permettrait à l'enfant de faire son propre deuil de l'intégrité perdue de la famille.

Le parent divorcé qui a commencé à avoir des fréquentations devrait voir à protéger l'intimité de son foyer et à épargner à l'enfant d'avoir à rencontrer ses divers partenaires. Quand le parent sera sûr du sérieux de sa relation amoureuse, il commencera d'abord à en parler à l'enfant, en se montrant attentif à ses réactions à la venue d'une nouvelle personne dans la famille. Si l'enfant a vécu longtemps seul avec le parent, celui-ci peut s'attendre à une crise de jalousie de la part de l'enfant. L'arrivée de l'étranger pourrait être considérée par l'enfant comme une violation de l'intimité qu'il a bâtie avec le parent.

Dans la plupart des familles reconstituées, la difficulté ne vient pas d'abord des adultes qui s'aiment, mais bien des enfants qui eux se sentent forcés d'accepter dans leur vie une personne qu'ils n'ont pas choisie. Trop souvent, le parent, épris de son nouveau partenaire, oblige l'enfant à l'accepter d'emblée. La réaction de l'enfant sera d'autant plus forte que souvent il n'a pas encore renoncé à sa fantaisie de voir ses parents réunis. Il considérera dès lors cette personne comme un simple intrus.

Ce qui ajoute à la confusion et à l'agacement du jeune est que souvent le nouveau partenaire se donne la mission de jouer au super-père ou à la super-mère. Malgré toutes les attentions que lui manisfeste la nouvelle personne, l'enfant se sent obligé de rester fidèle à son père ou à sa mère absente. Il faut donc respecter le rythme avec lequel l'enfant s'apprivoisera au nouveau conjoint, le temps qu'il prendra pour le connaître et pour l'apprécier comme un grand ou une grande amie.

Le nouveau venu doit se garder d'exercer la discipline à la manière d'un parent vis-à-vis de l'enfant. Il ne sera autorisé à le faire que lorsque le parent naturel lui en aura délégué le pouvoir en son absence, comme il l'aurait fait pour un gardien ou une gardienne.

Quand les deux parents de la famille reconstituée ont des enfants, il faut qu'ils s'attendent à ce qu'éclatent éventuellement des conflits entre leurs enfants respectifs. Alors chacun des parents sera mis au défi de se montrer équitable, tant pour ses propres enfants que pour ceux du conjoint.

Les caractéristiques d'une famille en santé

Dans une famille en santé:

1. la communication et l'écoute de chaque membre sont favorisées;

2. chacun peut s'affirmer et offrir du soutien à l'autre;

3. le respect mutuel est primordial; on veille à ne coller aucune étiquette sur les personnes: «Tu es mon bébé»...

4. la confiance, l'estime et l'affirmation de soi sont développées;

5. personne ne revient sur une chose déjà réglée;

6. on cultive un bon sens de l'humour;

7. les responsabilités sont partagées: chaque membre de la famille est invité à collaborer aux différentes tâches quotidiennes;

8. la conscience de chacun des membres est éclairée par les autres, afin qu'il puisse prendre des décisions responsables, en toute connaissance de cause;

9. le lien familial est solide: les rites et traditions propres à la famille abondent; l'anniversaire de naissance de chaque membre, ses réussites sont signifiées de façon particulière;

10. la parole ou l'expérience du plus jeune est prise en considération autant que celle du plus âgé;

11. chaque membre est invité à trouver un sens à son expérience;

12. la vie privée de chacun est respectée;

13. on apprend à reconnaître son erreur, à s'excuser ou à demander pardon;

14. le don de soi est valorisé;

15. on choisit des heures favorables aux repas et à la conversation;

16. les membres de la famille partagent en commun certains loisirs;

17. aucune décision n'est prise sous le coup d'une émotion intense;

18. chacun se montre ouvert au nouveau et à l'imprévu;

19. on sait reconnaître qu'on peut avoir des problèmes et qu'on peut demander conseil.

La liste qui précède n'est pas exhaustive. Vous pouvez y ajouter les recommandations relatives aux traits propres à votre famille. On pourrait d'ailleurs concevoir que chaque famille établisse ses «armoiries familiales» en s'inspirant des valeurs qu'elle souhaite promouvoir ainsi que des comportements qu'elle entend privilégier. Ces différentes manières d'être ensemble dépendent évidemment pour bien fonctionner d'un certain apprentissage, de tâtonnements, de recommencements et parfois même d'erreurs qui fournissent une occasion d'apprendre. Elles demeurent de toute façon à la base des relations épanouissantes où chacun peut devenir lui-même dans un climat d'authenticité et de sécurité.

Vos enfants ne sont pas vos enfants

À la fin de cet ouvrage, je suis conscient de vous avoir «accablés» de trop nombreux avis et conseils, comme si vous étiez les seuls responsables de l'éducation de votre enfant. Peut-être ai-je trop perdu de vue la consigne que j'ai donnée au début: c'est l'enfant lui-même qui doit s'éduquer.

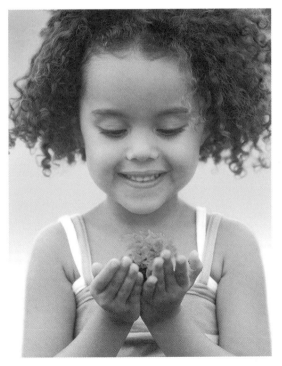

Vous, parents, qui aurez investi tant d'amour et d'énergie dans l'éducation de vos enfants, il vous sera demandé de les abandonner à la Vie. Considérez toutefois votre devoir accompli une fois que vous aurez éveillé chez eux leur Maître intérieur qui les accompagnera et les conduira dans la vie.

En conclusion, j'aimerais vous laisser ce message de Kahlil Gibran[7].

Vos enfants ne sont pas vos enfants
Ils sont les fils et les filles de l'appel de la Vie elle-même.
Ils viennent à travers vous, mais non de vous.
Et bien qu'ils soient avec vous,
ils ne vous appartiennent pas.
Vous pouvez leur donner votre amour mais non point vos pensées,
car ils ont leurs propres pensées.
Vous pouvez accueillir leur corps, mais pas leurs âmes.
Car leurs âmes habitent la maison de demain,
que vous ne pouvez pas visiter, pas même dans vos rêves.
Vous pouvez vous efforcer d'être comme eux,
mais ne tentez pas de les faire comme vous.
Car la vie ne va pas en arrière, ni ne s'attarde avec hier.
Vous êtes des arcs par qui vos enfants,
comme des flèches vivantes, sont projetés.
Que votre tension par la main de l'Archer soit pour la joie.

---

7   Gibran K., *Le prophète*, Casterman, Tournai, 1962.

Bibliographie sommaire

Ouvrages généraux sur le sujet

Bessel, Harold et Thomas Kelley (1979). *Le livre des parents*, Ottawa, Novalis.

Maziade, Michel (1988). *Guide pour parents inquiets; aimer sans se culpabiliser*, Québec, Les Éditions La Liberté.

Bélanger, Robert (1986). *Parents en perte d'autorité*, Chez l'auteur: 488, Rang du Lac Saint-François, Lambton (Québec), G0M 1H0.

Ouvrages sur des sujets particuliers

L'encouragement et les conséquences réglementaires

Dreikurs, Rudolf (l972). *Le défi de l'enfant*, Paris, Laffont.

La communication

Gordon, Thomas (l972). *Parents efficaces*, Montréal, Le Jour, éditeur.

L'estime de soi

Briggs, Dorothy (1975). *Your Child's Self-Esteem*, New York, Doubleday.

——— (l979). *Être soi-même*, Montréal, Éditions de l'Homme.

L'interpellation

Marshall, Bill and Christina Marshall, *Better Parents, Better Children*, New Jersey, Hammond.

York, Phyllis and David (1980). *Thoughlove*, Sellerville, Penn. (18960), Community Service Foundation.

La discipline des enfants

Bélanger, Robert (l974). *Vinaigre ou miel,* Chez l'auteur: 488, Rang du Lac Saint-François, Lambton (Québec), G0M 1H0.

Ginott, Haim (1968). *Les relations entre parents et enfants. Solutions nouvelles, problèmes anciens*, Tournai, Casterman.

L'éducation des adolescents

Beauchesne, Line (2003). *Comment parler de la drogue à nos enfants: guide pratique*, Montréal, Éditions du Méridien.

Bélanger, Robert (1981). *Parents d'adolescents*, Chez l'auteur: 488, Rang du Lac Saint-François, Lambton (Québec), G0M 1H0.

Rouyer, Michelle (2003). *La sexualité*, Paris, Bayard.

Voors, William (2003). *L'intimidation. Changer le cours de la vie de votre enfant. Pour les parents aux prises avec le problème du «bullying»*, Montréal, Éd. Sciences et Culture.

L'aide à apporter aux enfants dont les parents sont divorcés

Monbourquette, Jean, Myrna Ladouceur, Monique Viau (1991). *Grandir ensemble dans l'épreuve*, Montréal, Éditions Paulines.

Gardner, Richard (1978). *Le divorce expliqué aux filles et aux garçons*, Montréal, Presse Sélect.

Stollman, Wilma (l985). *Familles reconstituées... avec succès*, Service de la famille – Canada, 55 avenue Parkdale, Ottawa.

Pour des enfants autonomes est publié par Novalis.

Conception graphique (intérieur et couverture): Caroline Gagnon

Photographies de la couverture:
  devant: Image Source/Fotosearch
  endos: Ingram, photo de l'auteur – Laforest et Sabourin

Photographies de l'intérieur:
  Eyewire: page 78
  Digital Vision / Getty Images: pages 2, 3, 60, 93
  Image Source/Fotosearch: page 1
  Ingram: pages 15, 29-30, 34, 41-48, 53-54, 57, 61-77, 80-94
  www.comstock.com: pages 2-13, 18-28, 31-33, 38-40, 50, 55-56

© Novalis, Université Saint-Paul, Ottawa, Canada, 2004
Dépôts légaux: 2ᵉ trimestre 2004

  Bibliothèque nationale du Canada
  Bibliothèque nationale du Québec

Nous reconnaissons l'aide financière du gouvernement du Canada par l'entremise du Programme d'aide au développement de l'industrie de l'édition (PADIÉ) pour nos activités d'édition.

Novalis, 4475, rue Frontenac, Montréal (Québec) H2H 2S2
C. P. 990, succursale Delorimier, Montréal (Québec) H2H 2T1

ISBN 2-89507-514-X

Imprimé au Canada

Données de catalogage avant publication (Canada)

Monbourquette, Jean
    Pour des enfants autonomes : guide pratique à l'usage des parents
    2ᵉ éd.
    Publ. antérieurement sous le titre: L'ABC de la communication familiale.
    Comprend des réf. bibliogr.
    ISBN 2-89507-514-X
    1. Éducation des enfants. 2. Parents et enfants. 3. Rôle parental. 4. Autonomie chez l'enfant.
5. Communication dans la famille. I. Titre. II. Titre: L'ABC de la communication familiale.

HQ769.M5895 2004   649'.1   C2004-940754-6

Note: La forme masculine est utilisée dans ce document dans le seul but d'alléger le texte.